한국 바깥에서 만난 아이들

유별난 영어쌤의
'평범한' 수업

정선희 사진글

프롤로그

말이 통하지 않아도 괜찮아

나는 오래전부터 영어가 그저 시험을 위한 '공부'가 아닌, 세상을 잇는 '언어'이길 바랐다.

20대, 미국의 거리와 카페에서 다양한 사람들과 어울리며, 언어가 달라도 마음이 통한다는 사실을 배웠다. 그때 느낀 설렘과 경이로움은 내 안에 더 넓은 세상에 대한 갈망을 남겼다.

바쁜 과외 일정 속에 그 갈망이 점차 희미해져 갈 무렵, 나는 해외 봉사를 떠났다. 낯선 마을, 낯선 아이들, 낯선 언어. 그곳에서 나는 가르치기보다 배우고, 주려던 마음보다 더 많은 것을 받았다. 수업보다 먼저 깨달은 것은, 마음이 통할 때 일어나는 작은 기적이었다. 낡은 공 하나에

담긴 희망은 값비싼 교재보다 더 큰 울림으로 다가왔다.

아이들이 서툰 영어와 몸짓으로 서로를 친구로 받아들이며 마음을 이어갈 때, 나는 언어가 아닌 마음으로 소통하는 법을 배웠다. 우리는 모두 조금 더 따뜻하고 단단해졌다.

이 책은 그 여정의 기록이다. 때로는 힘들었고, 때로는 믿기 어려울 만큼 따뜻했던 순간들. 언어의 장벽을 넘어 진심을 나누었던 이야기들이 모여 지금의 나를 만들었다. 나는 여전히 배움의 길 한가운데에 서 있다.

이 책을 통해 아이들의 웃음과 눈빛, 서로의 마음이 닿았던 그 따뜻한 장면들을 독자와 함께 걸어가고 싶다.

차례

프롤로그 / 말이 통하지 않아도 괜찮아 • 2

1장 봉사의 길에 들어서다

핸드폰 중독? 그럼 넌 못가 • 9

너를 생각했다. 종이접기, 풍선아트, 마술을 배우면서 • 17

너를 생각했다.
스피드 스택스, 미용, 음악 줄넘기 배우면서 • 27

2장 낯선 땅에서 마음을 잇다

가난하면 행복하지 않나요 · 39

고작 일주일 인생이 바뀔수도 있어요 · 53

정선희, 아프리카 케냐 공항에 내 이름이 · 67

왕복 48시간, 그리워서 또 갔습니다 · 73

부시맨 가족은 필리핀에 산다 · 85

이번에는 라오스! 예능 프로보고 결정했다 · 96

땅을 공짜로 줍니다. 이 나라에서는 · 109

자존심 때문에 달라진 시차, 괜찮네요 · 120

지구 반대편에서 발견, 내 상처의 치료약 · 130

3장 익숙한 땅에서 나눔을 이어가다

23cm, 세상 다정한 용기의 기준 · 143

시간 채우려는 봉사 별로인가요 · 151

첫 방송 출연, 화장 대신 새까만 '이것' · 160

에필로그 / 여전히 배우는 길 위에서 · 170

1장 봉사의 길에 들어서다

핸드폰 중독? 그럼 넌 못 가
아이들 스스로 만들어 가는 캠프의 기본 수칙

"학생들 데리고 외국 다니는 거 안 힘들어? 내 자식 하나도 데리고 다니는 게 힘든데."

"학생들 외국 가서 사고라도 나면 어떡해, 위험하지 않아?"

학생들과 해외 캠프를 시작한 뒤, 지인들에게 가장 자주 듣는 질문이다. 그전까지는 한 번도 생각해본 적 없었다. '그냥, 가면 되지!'라는 단순한 생각뿐이었다. 왜 이런 물음표들을 스스로 던지지 못했을까. 지금 와서 생각해보니, 참 단순하고 순진했다.

학부모들의 걱정을 이해해, 30일 필리핀 어학연수에서는 핸드폰 소지를 허용했다. 그런데 그 결과는 놀라웠다. 학생들보다 더 빠르게 부모님들에게 실시간 민원이 쏟아져 들어왔다.

"민주가 밥이 맛없다고 연락 왔어요."

"승훈이 바지가 없어졌대요."

"같이 방 쓰는 친구들이 우리 애한테 뭐라고 한다는데, 좀 알아봐 주세요."

"승찬이 배가 아프대요."

캠프를 하는 건지, 민원 대응 콜센터에 취업한 건지 헷갈릴 정도였다.

결국 그 캠프가 끝나자마자, 모든 해외 캠프에 '핸드폰 금지'가 당당히 1번 수칙으로 등극했다. 그 뒤로는 내가 더 편했고, 아이들은 더 자유로웠다. 부모님은 조금 불안해하셨지만.

"선생님, 저 해외 봉사 가고 싶어요."

중1 서윤이가 조심스럽게 말했다.

"근데, 저 핸드폰 중독이에요. 가져가면 안 되겠죠?"

"그럼, 넌 못 가."

몽골에서 10일간 캠프가 끝난 뒤, 서윤이는 말했다.

"핸드폰 없이도 이렇게 재미있게 살 수 있다는 게 진짜 놀라워요."

필리핀 클락 캠프에서는 오전에는 어학연수, 오후에는 빈민가 교육봉사를 했다. 우리를 위한 전용 숙소가 마련됐고, 청소, 세탁, 식사까지 담당할 관리자가 배정되었다. 그랬던 관리자가 일주일 만에, 아무 말도 없이 사라졌다. "새 관리자 알아보고 있습니다"는 말만 계속 들었고, 결국 한 달 내내 새 관리자는 나타나지 않았다. 그때부터 내 정체는 '영어 선생님'이 아니라 '예비 신부'였다. 빨래와 청소를 이토록 열심히 한 건 생전 처음이었다.

"선생님, 방 청소랑 빨래는 엄마가 해주시는데요."

라는 아이의 말에, 나는 딱 한 마디로 응수했다.

"그럼, 넌 못 가."

그 한마디가 기적을 만들었다. 캠프를 가고 싶다는 마음 하나로, 학생들은 스스로 옷을 개고 바닥을 닦기 시작했다. 스스로 양말을 짝 맞춰 개던 학생들의 작은 손이 누구보다도 단단한 용기처럼 느껴졌다.

"선생님, 화장실이 막혔어요!"

급하게 뛰어온 건, 초등학교 2학년 준명이. 문을 열자마자 정적이 느껴졌다. 아이들의 시선은 하나같이 화장실 변기에 고정되어 있었다. 너무 많은 화장지를 넣은 탓이었다. '동의보감에도 변기 뚫는 법이 있었으면 얼마나 좋았을까.' 진심으로, 학문과 기술의 경계를 넘나들고 싶었다.

그날, 나는 변기와 1시간 넘게 싸우다 결국 승리했다. 그 이후로 학생들은 나를 존경의 눈빛으로 바라보았다. 고작 변기 하나 뚫은 것뿐인데!

 준비할 수 있는 모든 비상약을 챙겨도, 아이들의 배는 거짓말을 하지 않았다. '변비와 설사'
 변비가 심해지면 변비약과 함께 잘 먹는 음식을 챙겼고, 설사가 심해지면 설사약에 물, 그리고 역시 잘 먹는 음식을 챙겼다. 결국 잘 먹는 게 가장 중요했다.

"선생님, 외국 음식 맛없죠?"
 음식을 잘 안 먹는 준성이가 툭 한마디 던졌다.
"그럼, 넌 못 가."
 그렇게 말한 준성이는 30일 아프리카 캠프에서 키가 4cm, 몸무게가 3kg 늘었다.

 캠프에서 일주일이 지나면, 아이들의 손발톱이 자라고 먼지가 꼈다. 스스로 깎기 어려운 아이들은 자연스럽게 내

앞에 발을 내밀었다.

"다음, 누구야?"

"저요."

이쯤 되면, 나는 선생님이 아니라 엄마가 된 기분이었다. 아이들은 고맙다며 나를 대자로 눕히고 마사지를 해주었다. 마사지라기보다는, 간지럽고 웃긴 놀이 시간이었다.

"너 손톱, 발톱 자를 줄 알아?"

"아니요."

"그럼, 넌 못 가."

이제는 '손톱 깎기'도 캠프 참가 조건 중 하나가 되었다.

"선생님, 예준이가 집에서 손발톱 자르는 거 연습했대요. 캠프 갈 수 있죠?"

그 말을 들으며, 캠프의 수칙이 하나씩 늘어가는 것이 어느새 자연스러운 일상이 되어감을 느꼈다.

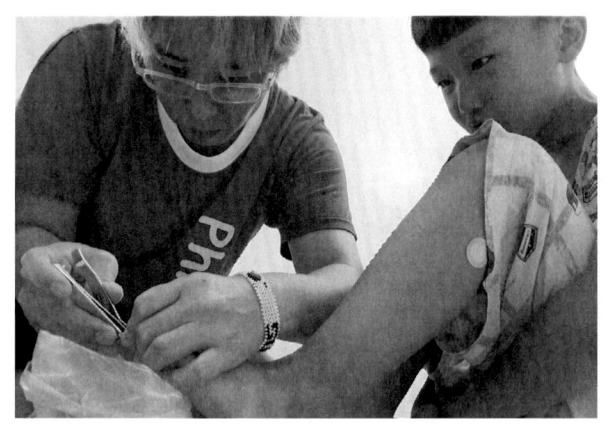

 작은 일이지만, 아이들이 자립해 가는 과정의 한 부분이었다. 처음엔 단순히 위생 때문이었지만, 지금은 '스스로 해낼 수 있다'는 자신감을 키우는 기회가 되었다. 하나씩 늘어가는 캠프 수칙은 아이들에게 긴장감을 주기도 했지만, 그만큼 설렘과 즐거움도 안겨주었다. 내가 이 아이들을 위해 할 수 있는 가장 큰 일은, 안전을 지켜주는 것이었다.

 그래서 캠프를 준비할 때면, 늘 먼저 그 나라에 가본다. 아이들이 머무를 환경을 둘러보고, 함께 봉사할 현장의 분위기를 직접 느껴본다. 그리고, 확신이 들면 말한다.

"괜찮아요. 안전하니까, 데려가죠."

 이 모든 게 가능했던 건, 함께한 모든 시간 속에서 쌓인 노력 덕분이었다. 누구의 지시가 아닌, 스스로 해보겠다고 용기를 낸 아이들. 그 아이들이 하나둘 자립해 가며 해낼 수 있는 일들이 늘어갈수록, 커져가는 모습에 나도 모르게 눈시울이 뜨거워진다

 '봉사활동'이라는 말도 잊을 만큼, 그 시간 속에서 온몸으로 살아가는 우리 아이들.

 나는 오늘도, 아이들과 함께 다시 길을 나선다. 그럼에도 우리는 간다.

너를 생각했다.
종이접기, 풍선아트 마술을 배우면서
서툰 손길에서 시작된 자격증 공부

"점심에 시간 있어? 밥 먹자."

"시간 없어."

"왜 매일 시간이 없냐?"

지인들의 불평이 하나둘 늘기 시작했다. 출근하기 전까지 친구들과 브런치를 즐기고 수다 떠는게 일상이었다. 봉사 시작하면서, 식사보다 더 중요한 것이 생겼다. 손에 쥔 샌드위치와 커피를 내려놓고, 가위와 색종이를 들었다. 그땐 몰랐다. 내 삶이 이렇게까지 달라질 줄은. 처음에는 그저 누군가를 돕고 싶다는 마음 하나였다. 그 마음이 자라고 또 자라서, 어느 순간부터 내가 더 많이 배우고 있었다.

　봉사활동을 할수록 나의 부족함이 느껴졌다. 아쉬움은 자연스럽게 배움의 동기가 되었고, 그렇게 시작한 공부는 어느새 취미가 되고, 일상이 되었다. 현지 아이들과 학생들에게서 배움이 큰 만큼, 수업을 대충 준비할 수 없었다.

　그중에서도 자주 활용했던 활동은 종이접기였다. 도안을 따라 접으면 되는 줄 알았다. 하지만 종이 한 장에 숨어 있는 가능성은 상상 이상이었다. 산처럼 접고, 강처럼 펼치다 보면, 한 장의 종이가 새가 되고, 꽃이 되고, 집이 되고, 마음이 되었다. 더 잘 가르치고 싶어 종이접기 학원에 등록했고, 결국 '종이접기 지도사 자격증'까지 따게 됐다.
　'이왕 하는 거, 전문가가 되어 수업을 하면 더 즐거워 하지 않을까?'

그 단순한 욕심이, 아이들과 나를 더 깊이 연결해주었다.

색종이가 귀한 나라에서, 종이로 만들어지는 무언가는 그 자체로 놀라움이었다. 모서리도 제대로 맞추지 못해 비행기도 접지 못하던 아이들이, 어느새 하트를 접어 내게 선물했다.

'난 아직 하트를 못 접는데.'

속으로 웃으며 아이들에게 배웠다.

종이접기 학원에서는 색종이만 접는 게 아니었다. 리본

으로는 머리핀을, 지끈으로는 손목 팔찌를 만들었다. 구슬을 꿰어 만든 네임태그는 아이들의 작은 가방에 반짝이는 포인트가 되었다. 한 가지를 배우면, 그걸 또 나눌 수 있었다. 자격증이 하나둘 늘어날수록, 아이들과 함께할 수 있는 활동도 많아졌다. 마치 놀이의 폭이 넓어지듯, 아이들의 웃음도 커져 갔다.

아이들의 집중력과 열정은 말로 다 표현하기 어려울 만큼 깊고 강렬했다. 배운 대로 따라 하는 데서 그치지 않고, 자신만의 아이디어를 덧붙여 새로운 무언가를 만들어냈다. 만들면서 서로에게 영감을 주고, 웃음을 주고, 자신감을 나눴다.

잘 가르치고 있는 줄 알았지만, 더 많이 배우고 있었다. 한국에서 자주 하던 활동이라 학생들이 별다른 흥미를 보이지 않을 줄 알았지만, 그 예상은 보기 좋게 빗나갔다. 학생들은 아는 만큼 더 많이 나누려 애썼고, 같은 눈높이로 서로의 진심을 알아갔다. 한 장의 종이에서 시작된 작은 기적은, 마음과 마음을 이어주는 다리가 되었다.

 손가락 사이엔 상처가 아물 틈이 없었다. 매일같이 풍선을 불고, 묶고, 꼬고, 돌리다 보면 손이 아니라 고무장갑이 필요할 지경이었다. 풍선 아트를 제대로 해보고 싶어 '풍선아트 지도사' 과정을 수강했다. 풍선을 보기만 해도 눈이 동그래지는 아이들의 반응은, 한국이든 지구 반대편이든 똑같았다. 처음엔 그냥 풍선을 불어서 '팡!' 하고 터뜨리는 것만으로도 깔깔 웃었지만, 풍선도 알고 보면 꽤 창의적인 재료였다. 색종이처럼 상상 이상으로 다양한 모습으로 변신할 수 있었던 것이다.

 강아지를 만들려고 불었던 풍선이 기린이 되기도 했고, 왕관을 만들려다 우주선이 되기도 했다. 그래도 아이들은 신이 났다.

"팡!"

"팡!"

풍선이 터질 때마다 귀를 막는 아이들, 눈을 질끈 감는 아이들, 깜짝 놀라면서도 깔깔 웃는 아이들. 그 소란스러움조차 사랑스러웠다.

아이들에게 또 다른 즐거움을 주고 싶어, 이번엔 마술에 도전했다. 지인이 마술 봉사를 하고 있어 자연스럽게 배우게 됐다.

"그냥 손기술만 좋으면 되는 거 아냐?"

가볍게 생각했던 마음은 첫 수업 10분 만에 무너졌다. 마술은 '기술'이 아니라 '연기'였고, '쇼'였다. 관객의 시선을 유도하는 말 한마디, 포인트를 만드는 제스처, 도구를 숨기는 손놀림까지. 한 장면을 완성하기 위해선 상상 이상의 연습이 필요했다.

진짜 마술사가 되기 위해 전문 도구를 하나하나 주문했고, 부모님을 상대로 리허설을 했다.

"봐봐, 눈 크게 뜨고!"

"와~"

놀란 눈으로 박수를 쳐주는 부모님의 반응에 괜히 으쓱해졌다. 진짜 마술사가 된 기분이었다.

성공적인 리허설을 마친 뒤, 학생들 앞에서 마술을 선보였다.

"얘들아, 여기 봐봐! 진짜 신기한 마술이야."

"에이~ 다 알아요."

"아냐아냐, 이번엔 진짜라니까?"

장난기 가득한 아이들의 눈빛이 번뜩였다. 뭔가 수상하다는 듯 눈을 가늘게 뜨고, 손동작을 쫓기 시작했다. 비밀을 캐내겠다는 결의에 찬 눈빛이었다.

봉사활동 중, 아이들에게 마술을 보여주고 함께 배워보는 시간을 가졌다. 신기하다는 탄성, 장난스러운 웃음소리, 눈앞에서 벌어지는 마법 같은 순간에 아이들은 잠시나마 즐거워했다. 간단한 마술 도구를 선물해 주었다. 집에 가서 가족에게도 보여주며 함께 웃을 수 있기를 바라는 마음에서였다.

수업을 정리하는데, 책상 서랍과 구석구석에 남겨진 마술 도구들이 눈에 들어왔다. 몇몇 아이들은 그것을 가져가지 않고 집으로 가 버렸다.

"아이들에게는 집에 가서 가족과 함께할 여유가 없을 거예요."

 봉사 관계자의 말이 조심스레 들려왔지만, 위로보다는 아릿한 현실로 다가왔다. 나는 그저, 아이들이 마술을 통해 잠깐이라도 웃고, 그 웃음을 집으로 가져가길 바랐을 뿐이다.

 아이들의 시선이 하늘로 향했다. 크고 작은 비눗방울이 반짝이며 공중을 날았다. 한 아이가 손을 뻗자 투명한 방울 하나가 손바닥 위에서 조용히 터졌다. 그 아래서 천진난만한 얼굴들이 환하게 빛났다. 그 순간을 사진으로 남기고 싶었지만, 두 손 가득 버블 도구가 있다.

재빨리 관계자에게 눈짓을 보냈다.

"나 말고, 아이들 얼굴 좀 찍어줘요."

아이들의 반짝이는 지금을, 꼭 기록해두고 싶었다.

모든 활동이 다 성공적인 건 아니었다. 반응이 미적지근한 날도 있었고, 준비한 활동이 현장 상황과 맞지 않아 무력감을 느낄 때도 있었다. 그 실패의 순간이 있었기에, 나는 다시 고민하고, 다시 배우게 됐다. 많은 시행착오 끝에, 배움은 내 삶의 한가운데에 자리 잡았다. 이제는 누군가를 가르치기 위한 공부가 아니라, 함께 웃고 함께 자라는 법을 배우기 위한 나의 작은 일상이 되었다.

기대만큼의 반응이 없더라도, 그 속에서 다시 아이들을 생각하게 된다. 무엇이 필요할까, 무엇이 기쁠까. 그리고 그 고민은 다시 나를 책상 앞으로, 전문기관으로 이끈다.

그래서 나는 오늘도, 새로운 배움을 향해 걷는다.

너를 생각했다.
스피드 스택스,
미용, 음악 줄넘기 배우면서
서로의 삶에 잠시 머물며 함께 자라는 일

아프리카 케냐. 교실이 떠나갈 정도로 시끄럽다. 낡은 나무 책상 위에는 플라스틱 컵 12개가 어수선하게 흩어져 있다. 정해진 시간 안에 컵을 쌓아 올렸다가 다시 해체하는 스피드 스택스. 단순한 놀이처럼 보여도, 은근히 손기술과 집중력이 필요하다. 나는 먼저 시범을 보였다. 느린 동작으로 하나하나 보여주며 설명을 덧붙였다. 아이들은 처음엔 낯선 동작에 어리둥절 하다가 곧 흥미를 느끼기 시작했다. 컵이 제대로 쌓이지 않으면 '와르르' 무너지는 장면에, 아이들은 배꼽을 쥐고 웃기 시작했다. 나만 속으로 진땀을

빼고 있었다.

　야심차게 4주간의 교육을 받았다. 연습할 땐, 내가 꽤 잘한다고 생각했다. 컵을 세 번 만에 완벽하게 쌓아 올리고, 타이머를 찍던 그 짜릿함. 이걸 아이들과 나누면 얼마나 재미있을까, 얼마나 신날까, 현실은 달랐다. 아이들은 내 열정과 다르게 컵을 던지고, 서로 웃고, 엉뚱한 소리를 내며 딴짓하기 바빴다. 이번에도 결국, 나를 위한 자격증이었던 걸까. 내가 재밌어서 한 거였나.

　한 아이가 갑자기 책상 위 컵을 '쿵' 하고 쳤다. 또 다른 아이가 장단을 맞췄다. 학생들은 뭔가 잘못되어 가고 있음을 눈치챈 듯, 아이들과 나를 번갈아 바라보았다. 그 눈빛엔 '우리 선생님 화나면 무서운데' 하는 걱정이 담겨 있었다. 하나둘, 불안한 눈빛으로 조용히 나를 바라보았다.

'쾅, 쾅, 쾅' 그 순간, 책상에서 울리는 리듬이 이상하게도 익숙했다. '곰 세 마리가 쾅쾅쾅, 한 집에 있어 쾅쾅쾅.'

나도 모르게 웃음이 새어 나왔다. 실수에서 시작한 소란이 리듬으로 바뀌고, 음악이 되었다. 컵은 정확히 쌓이지 않았어도, 아이들의 몸은 자연스럽게 박자에 맞춰 흔들렸다. 우리는 그렇게, 즉흥적인 음악회 하나를 만들어냈다. 그 순간만큼은 아무도 실수에 연연하지 않았다.

어쩌면 내가 가져온 건 자격증이 아니라, 틀에 얽매이지 않고 놀이를 배움으로 바꾸는 기회였는지도 모르겠다.

케냐의 아이들은 정해진 규칙보다 자기만의 방식으로 더 빠르게 배웠고, 더 즐겁게 웃었다. 스피드 스택스는 그렇게, 예상치 못한 방식으로 아이들과 나를 연결해주었다.

다양한 손공예 활동이 어느 정도 자리 잡을 즈음, 우연히 당진시청 홈페이지에서 이미용 과정을 발견했다. 무언가에 이끌리듯, 거의 본능처럼 망설임 없이 신청 버튼을 눌렀다. 그때까지만 해도 미용실에 가서 머리를 맡기기만 하던 내가, 누군가의 머리를 직접 손질하게 될 줄은 상상조차 못 했었다.

12주 동안 커트, 긴 머리 자르기, 기본 기술을 차근차근 배웠다. 가위를 쥔 손은 서툴고 뻣뻣했지만, 수업에 몰입하는 내 눈빛은 진지했다. 어느새 손끝에는 집중력이 깃들기 시작했다. 처음으로 내 손으로 누군가의 모습을 바꾸어 줄 수 있다는 가능성이 희미하게나마 보였던 시간이었다.

그 기술이 진짜로 '누군가의 삶'에 닿게 된 순간은, 태국의 한 고아원에서였다.

"조금 더 잘라 주세요."

처음 마주한 아이였고, 이 고아원에서 머리를 잘라주는 첫 번째 아이였다. 머리를 자르기 시작한 지 한 시간이 넘은 것 같다. 내겐 너무나 긴 시간이었다. 얼굴은 땀으로 범벅이 되어 있다. 아이에겐 얼마나 답답한 시간일까. 이렇게 짧게 머리를 잘라 본 적이 없었다. 무슨 배짱으로 아이들의 미용 봉사를 하겠다고 나섰는지 스스로에게 물으며 후회가 밀려왔다.

한국에서 자원봉사센터에서 어르신들 미용 봉사를 한적이 있었지만, 아이들의 머리를 맡는 건 처음이었다. 더구나 요청받은 스타일은 '코코넛 머리'—정수리 부분 머리를 조금 남기고 옆과 뒷머리는 시원하게 밀어내는 깔끔한 스타일-

"정말 괜찮아?"

조심스럽게 묻고 또 물었다. 가위질을 멈추고 아이의 눈빛을 살폈다. 거울도 없이 자신의 머리가 어떻게 바뀌고 있는지도 모른 채, 아이는 조용히 미소 지으며 고개를 끄덕였다.

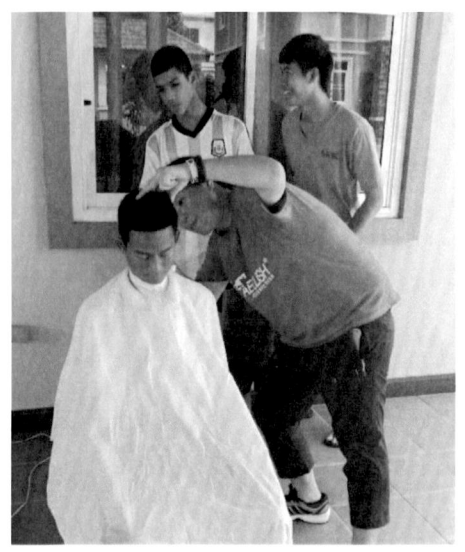

그 모습을 지켜보던 아이들은 하나둘 모여들기 시작했다. 호기심 가득한 눈빛으로 고개를 갸웃거리기도 하고,

바닥에 떨어진 머리카락을 만지며 장난을 치기도 했다. 누군가는 킥킥 웃음을 터뜨렸고, 또 누군가는 의자 옆으로 조심스레 다가와 "나도 해 주세요"라고 속삭였다.

그날, 나는 알았다. 가위질은 단순한 기술이 아니라, 마음을 전하는 언어가 될 수 있다는 걸. 그날의 아이들과 나는, 머리카락보다 가벼운 마음으로 조금 더 가까워졌다. 그리고 나도, 그 아이들의 웃음 속에서 조금 더 단단해졌다.

음악이 울리면 몸이 절로 움직인다. 줄넘기 손잡이를 쥐고 리듬에 맞춰 뛰다 보면, 어느새 비 오듯 땀이 흘렀다. 단순한 줄넘기가 아닌, 음악과 동작이 어우러진 수업을 해보고 싶었다. 아이들과 함께 박자를 맞춰 뛰고, 웃고, 땀 흘리는 모습은 상상만으로도 즐거웠다. 그래서 도전한 '음악 줄넘기 지도사'.

필리핀 아이들과 수업 하는 날. 비장한 마음으로 음악을

재생하고 줄넘기를 꺼냈다. 나름 "레츠 고!" 하는 분위기도 살짝 냈다. 그런데 아이들이 줄을 몇 번 넘더니 금세 멈춰 섰다. '어? 왜 안뛰지?'

처음엔 낯설어서 그런가 싶었다. 다시 음악을 틀고 '같이 해보자!'고 유도해봤다. 아이는 고개를 천천히 젓더니, 바닥에 주저앉았다. 그제야 눈에 들어왔다. 숨을 크게 몰아쉬는 가슴, 땀에 젖은 이마, 그리고 금세 지쳐버린 표정.

알고 보니 아이는 평소 끼니를 제대로 챙기지 못해 체력이 많이 떨어져 있었던 것이다. 아무 생각 없이 열정만으로 준비했던 내 모습이 떠올랐다. '완벽한 수업'이라고 믿었지만, 그건 온전히 내 입장에서만 본 것이었다.

괜스레 미안했다. 줄넘기보다 먼저 챙겨야 할 건 아이의 건강과 상황이었다. 그저 신이 나서 음악과 줄넘기를 함께 할 상상만 했던 나를 돌아보며, 가슴 한쪽이 뜨끔했다.

비로소 그날 몸으로 배우는 활동이 단순한 신체 놀이가 아니라, 환경과 여건, 그리고 마음을 함께 살펴야 하는 '배려의 수업'이라는 것을 깨달았다. 한 사람의 컨디션, 한 그릇의 밥, 한 번의 숨 고르기가 그날의 수업을 결정짓는다는 걸 처음 알게 된 순간이었다.

배움을 전하겠다는 마음으로 시작한 활동들 속에서, 되레 내가 더 많이 배웠다. 아이들의 웃음 속에서, 어르신의 사탕 한 알에서, 지쳐 주저앉은 아이의 땀방울에서. 봉사는 내가 가진 것을 나누는 일이 아니라, 서로의 삶에 잠시 머물며 함께 자라는 일임을 이제는 조금 알 것 같다.

 완벽하지 않아도 괜찮다. 웃음은 실수에서 시작되기도 하고, 진심은 서툰 손끝에도 깃든다. 중요한 건, 지금 내가 그들 곁에 있다는 사실. 그걸 기억하며, 오늘도 천천히, 나의 손끝과 마음을 함께 길러간다.

2장 낯선 땅에서 마음을 잇다

가난하면 행복하지 않나요
맨발의 아이에게서 배우는 가치

나는 비행기를 타고 여행하는 것을 좋아한다. 하지만 여행이 아닌 해외 봉사는 이번이 처음이다. 한 번도 가보지 않은 곳, 캄보디아.

'말만 봉사지, 과연 캄보디아 아이들과 잘 어울릴 수 있을까?'

'통역이 있긴 하지만 아이들과 의사소통할 수 있을까?'

'오지 말았어야 했나?'

이런저런 생각을 하는 사이, 창밖으로 낯선 풍경이 보이기 시작했다. 드디어 캄보디아, 씨엠립. 기내 방송이 착륙을 알렸지만, 내 머릿속은 '정말 괜찮을까?' 하는 걱정으로 가득했다.

"엄마, 나 이번에 해외 봉사 가려고."

엄마는 나를 빤히 바라보며 '언제 네가 하고 싶은 거 한다고 말하고 다녔다고?' 하는 표정을 지었다.

"너 지상이 알지? 요즘 공부 안 하고 게임만 한다고 걔 엄마가 걱정이 많대. 혼자 가지 말고 지상이 좀 데려가."

엄마의 친한 동생 아들이라는 이유로 난데없이 내 봉사 여행 동행자가 정해졌다.

캄보디아를 선택한 이유는 단순했다. 무심코 해외 봉사를 검색했는데, 가장 먼저 뜬 곳이 〈캄보 프렌드〉라는 단체였다. 알고리즘을 따라 캄보디아 봉사 사진 속 아이들은 환하게 웃고 있었다. 나는 망설임 없이 〈캄보 프렌드〉에 전화를 걸어 봉사활동과 경비에 대해 물었다.

씨엠립 공항에 발을 내딛는 순간, 촉촉한 공기가 나를 감쌌다. 낯선 듯 익숙한 이 느낌이 이상하게도 편안했다. 한글과는 전혀 다른 모양의 글자들이 오히려 정겹게 다가왔고, 처음 듣는 캄보디아어는 낯설지만 어딘가 따스하게 들렸다. 도착 비자를 받기 위해 줄을 서자, 옆에 선 지상이는 잔뜩 긴장한 얼굴이었다. 나는 살짝 미소를 지으며 속삭였다.
"우리가 잘할 수 있을 거야."

공항 밖으로 나와 마중 나온 직원과 함께 숙소로 향했다. 처음 보는 씨엠립의 풍경은 마치 시골길을 달리는 듯했다. 가끔 화려한 조명으로 장식된 건물들이 보였다. 직원은 영어로 일정을 설명했고, 이야기를 나누다 보니 어느새 숙소에 도착했다.

아이들을 만나러 가는 길은 숙소에서 40분 정도 떨어진 시골 마을이었다. 처음엔 아스팔트 도로를 달렸지만, 20분쯤 지나자 차에 엉덩이를 붙이고 있기 힘들 정도로 울퉁불퉁한 비포장도로가 나타났다.
'이 비포장도로가, 사진 속 환하게 웃고 있는 아이들과

의 만남을 방해할 수 있을까.'

그렇게 생각하던 순간, 학교에 도착했다. 차가 멈추자 아이들이 우르르 몰려왔다.

흰 와이셔츠와 남색 바지가 교복인 듯했지만, 와이셔츠는 누렇게 때가 묻어 있었고, 바지는 마이클 잭슨 스타일의 칠부 길이였는데 여기저기 찢어져 있었다. 맨발로 달려오는 아이들의 까만 발이 눈에 들어왔다. 나와 지상이는 마치 동물원 원숭이가 된 듯, 아이들의 호기심 어린 시선에 쑥스러웠다.

컴컴한 교실 안으로 들어서자, 전등 하나 없는 공간이 눈에 들어왔다. 마치 1960년대 한국에서나 볼 법한 낡은 책상과 걸상. 지저분한 시멘트 바닥 위로 아이들의 검은 맨발이 보였다.

'내가 이 아이들에게 무엇을 할 수 있을까?'

사진 속 환하게 웃는 아이들만 떠올렸지, 이런 환경이 기다리고 있을 줄은 몰랐다. 아이들은 나를 바라보았다. 군데군데 찢어진 옷과 얼굴, 몸 곳곳에 선명한 검은 땟자국. 눈이 마주치는 순간, 아이들은 검은 이를 드러내며 해맑게 웃었다. 나도 따라 웃었다. 왜 웃는지도 모르고 따라 웃었는데, 가슴이 따뜻해졌다.

어릴 적 태권도 선수였던 나는 아이들에게 한국어와 태권도 기본 동작을 가르치며 첫 수업을 시작했다. 지상이는 태권도 검은 띠였기에 함께 수업을 진행할 수 있었다.

태권도는 동작을 따라 해야 하기에 어렵지 않을 거라 생각했는데, 처음 듣는 한국어임에도 아이들은 곧잘 따라 했다. 지상이가 내게 눈을 맞추며 고개를 끄덕였다. 가르침을 간절히 바라는 아이들이어서 그런지, 그들의 눈빛이 빛났다. 쉬는 시간이 되자, 동네 어른들과 아이들이 하나둘 모여들었다.

"지상아, 우리가 이 동네 첫 외국인이래."
"누나, 그럼 아이들은 외국인이 우리처럼 생겼다고 생각하겠네요."
"수스다이!(안녕하세요!)"
손을 모아 동네 사람들과 인사했다.
"어쿤(고맙습니다)."
맨발로 뛰노는 아이들 틈에 나도 신발을 벗고 함께 뛰어놀았다.

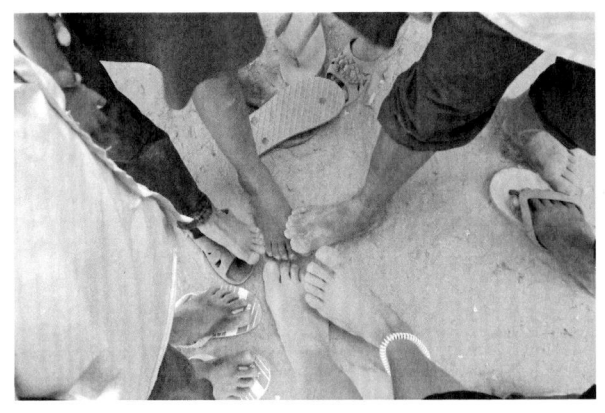

 동양인이라고 해도 처음 보는 외국인 선생님인데, 아이들은 해맑게 다가와 주었다. 신발을 신지 않고 노는 아이들 틈에 끼어 신발을 벗고 함께 놀기 시작했다. 검은 발은 쉼 없이 움직이기 시작했지만, 하얀 발은 조심스럽게 한 발 한 발을 디뎠다. 아이들을 잡을 수가 없었다.

 '한 번에 다 잘할 수는 없지. 신발이 없어 맨발로 살아가는 아이들의 딱딱한 발을 어떻게 따라잡을 수 있을까.' 뒤쫓아가면서 웃음만 나왔다.

 "지상아, 우리는 안 되겠다."

시내의 숙소로 돌아오는 차 안에서 멍하니 창밖만 바라보며 말이 없었다. 아무도 들어오지 않는 평범한 시골 일상에 첫 외국인을 맞이한 마을. 환하게 웃어주는 아이들과 상반된 환경이 머릿속에서 떠나지 않았다.

"오늘 아이들 보니 어땠어?"

저녁을 먹으며 물었다.

"아이들 눈이 예뻐요, 너무 재미있어요."

새로운 걸 배울 기회가 많지 않은 시골 아이들과 좋은 환경에서도 공부하지 않는 지상이의 모습이 교차되었다.

"너 왜 엄마 말 안 듣고, 공부 안 하냐?"

지상이는 중학교 때까지 전교 회장을 할 정도로 똑 부러지는 학생이었지만, 고등학교에 가면서부터는 아무것도 하고 싶지 않다고 했다.

"엄마가 가란다고 그냥 누나를 쫓아왔을 것 같진 않은데, 어떤 마음으로 온 거야?"

"그냥요."

 작은 시골 마을은 너무나 평화로웠다. 나무에 해먹에 누워 있는 사람들이 보였다. 맨발로 나무에 올라 코코넛을 잘라 떨어뜨리는 사람이 있었다. 신발을 신지도 않고 거친 땅바닥에서 뛰어노는 아이들과 강아지들이 마냥 즐거워 보였다. 사람이 살 수 있을까 하는 허름한 집에서 사람들이 옹기종기 모여 있었다. 변변한 반찬도 없이 맛있게 식사하고 있었다. TV 다큐멘터리에서 보던 마을의 모습과 생활을 직접 보게 된 것이다.

 운이 좋아서일까, 마을의 호수에서 물고기 잡는 행사가 열렸다. 봉사를 왔는데, 마을의 문화까지 경험할 수 있다니. 아이들과 함께 호수로 갔다. 날카로운 풀숲에 아이들의 거침없는 맨발이 또 보였다. 허리까지 물이 올라온 곳에서 그물을 던지는 마을 사람들이 보였다. 여기저기서 물고기를 잡아 기뻐하는 사람들 틈에 우리도 함께했다. 마을 이장이 잡은 물고기를 가져다가 즉석에서 나무 꼬치구이를 해주었다. 한쪽에서는 개구리를 잡아 굽고 있었다. 어디에 달려 있었는지 모를 나무 열매를 한 움큼 가져다주는 아이도 있었다.

"누나, 먹어요?"

"가져다준 건데, 먹어보자."

지난번 마을 행사에서 로컬 음식을 먹고 자신감이 생긴 우리는 동네 시장에 갔다. 한국의 오일장과 비슷하지만, 조금은 지저분했다. 날이 더워 아이스를 갈아 넣어 만든 사탕수수 음료를 마셨다. 시장 구경은 한참 이어졌다.

"지상아, 누나 숙소 가야겠다."

"힘들어요?"

"아니, 배가 너무 아파."

떠나는 날까지 배는 진정되지 않았다. 외국 음식을 좋아하는 나이지만, 그날 이후로 로컬 음식은 절대 먹지 않게 되었다.

"지상아, 오늘이 마지막 날이야."
힘없이 대답했다.
"네."
짧았지만 깊었던 시간. 떠나는 날이 되었다. 학교에서 마지막 인사를 나누던 중, 지상이가 울고 있었다.

"누나, 저 한국 가면 열심히 할게요."
"엄마 말씀도 잘 듣고."
군대를 다녀와도 3개월이면 원래대로 돌아온다는데, 일주일 봉사로 지상이가 달라질 거라고 기대하지는 않았다.

며칠 후, 엄마의 전화가 걸려왔다.
"선희야, 지상이 삭발하고 폴더폰으로 바꾸고 공부만 한대."

"잠깐 하겠지."

그런데 몇 개월 후,

"누나, 저 대학 합격했어요. 감사합니다."

"내가 뭘 했다고. 축하해."

그때 한 아이가 떠올랐다. 맨발로 달리다 지쳐 잠시 앉아 있을 때, 아이가 다가와 내 눈을 바라보며 말했다.

'행복해.'
'가난한 삶이 어찌 행복하냐?'
나는 속으로 되물었다.
아이가 다시 물었다.
'가난이 뭐야?'
나는 대답했다.
'지금 네 삶이 가난이야.'
아이는 또 물었다.
'가난하면 행복할 수 없어?'
나는 말문이 막혔다.

한국에서의 편안한 생활보다, 불편함이 가득한 시골 마을에서 배운 것이 더 많았다. 완벽해야 행복할 수 있다고 믿었다. 그래서 완벽해지려 노력했다. 그런데 행복은 늘 내 곁에 있었다. 나는 왜 그걸 몰랐을까.

고작 일주일 인생이 바뀔수도 있어요
헬로우의 슬픔, 바이의 기쁨

첫 해외 봉사에 같이 다녀온 지상이가 대학 진학 후 원하는 대로 공군 사관학교로 편입했다. 변하지 않을 것 같았던 지상이의 모습을 보며 욕심이 생겼다. 다시 한번 캄보디아 아이들을 만나 확인하고 싶었다.

'고작 일주일 동안 내가 얻은 건 무엇이었을까?'

나는 오랫동안 영어 강사로 일했다. 정해진 틀에서 반복되는 일상이 지겨워질 즈음, 해외 봉사를 경험했다. 학생들에게 캄보디아 봉사 이야기를 자주 들려주었는데, 막연하게만 듣던 아이들의 눈빛이 달라지는 걸 느꼈다. 초등학생들인데도 말이다.

'아이들과 함께 한번 가볼까?'

 다섯 명의 여권을 챙기며, 공항 여기저기를 분주히 돌아다녔다. 한 번 경험이 있기에 두 번째는 쉬울 거로 생각했지만, 부모님을 떠나 봉사 하는 일은 예상보다 신경 써야 할 것이 많았다.
 '왜 이런 고생을 사서 한다고 했을까.'
 '너희들도 지상이처럼 변화가 있으면 좋겠다.'
 신경 쓸 일이 많았지만, 곧 시골 마을 아이들을 만날 생각에 설렘이 더 컸다.

 앞으로 어떤 일이 일어날지 모른 채, 비행 다섯 시간 동안 지칠 줄 모르고 이야기했다. 지난번에 갔던 마을에 다시 가고 싶다고 〈캄보프렌드〉에 미리 연락해 놓았다. 아이들의 모습이 그려졌다.
 '아이들은 어떻게 지내고 있을까.'

'그들에게 첫 외국인이었던 나를 기억하고 있을까.'

'학생들이 캄보디아 아이들의 깨끗하지 않은 환경을 받아들일 수 있을까.'

아이들은 사람을 행복하게 만드는 미소를 가졌지만, 밝게 웃을 때 보이는 검은 이를 보고, 우리 학생들이 인상을 찌푸리지는 않을까 걱정되었다. 양치를 잘하지 않는 캄보디아인은 30살이 되기도 전에 이가 많이 빠져 있었다. 칫솔과 치약 세트를 선물했지만, 치약을 다 사용하고, 칫솔모가 닳아도 새것으로 바꿀 수 없는 것이 현실이었다.

씨엠립 공항에서 반갑게 맞아 준 통역 직원 덕분에 친숙한 분위기 속에서 캄보디아 일정을 시작했다. 학생들은 미리 연습한 대로 두 손을 모으고 정중하게 인사를 건넸다.

"수스다이!(안녕하세요!)"

기대와 설렘보다는 피곤함이 앞서는 듯했다. 숙소로 이동하는 차 안 여기저기서 목소리가 들려왔다.

"캄보디아 너무 더워요."

"졸려요."

"배고파요."

밤새 잠을 잘 수 없었다. 아이들을 다시 만난다는 설렘보다는 학생들의 불평스러운 이야기가 떠나지 않아서였다.

'아이들에게 상처를 주는 행동을 하면 어쩌지.'

'먼 타국에 와서 아무것도 배우지 못하고 돌아가면 어쩌지'

"밥 먹어."

"저 속이 안 좋아서 못 먹을 것 같아요."

속이 안 좋다기보다는 호텔 조식이 마음에 들지 않아서인 듯했다.

"먹어, 안 그럼 쓰러져."

허공에 대고 퉁명스럽게 말했다.

"이곳 아이들은 먹을 게 없어. 호수에 가서 물고기 잡고, 나무에 올라 망고 따서 끼니를 해결해. 너희들처럼 좋아하고 싫어하는 게 아니라고. 학생들 수가 많아 학교는 오전과 오후반으로 나뉘어 수업도 해야 하고."

"여행하러 온 게 아니고 봉사하러 온 거야. 너희들은 아이들의 선생님이야."

학생들의 조용했던 분위기는 비포장도로를 달리기 시작하면서 깨지기 시작했다.

"아~"

"와!"

"크큭, 크큭"

울퉁불퉁한 도로에 맞춰 차가 움직이니 킬킬거리며 춤을 추는 듯했다.

많은 아이가 우리가 있는 곳으로 몰려들었다. 너무 그리웠던 아이들이어서 그들의 미소가 더욱 빛나고 있었다. 걱정과 달리 학생들도 호기심 어린 눈으로 아이들에게 인사를 했다.

"Hello, 헬로우!"

"선생님, 얘네들 영어 못 해요?"

"아니, 너희만큼 할걸."

말이 제대로 통할 리 없는 아이들과 학생들은 몸짓으로 서로 소개하는 듯했다. 처음 만난 어색함도 없이, 서로 손을 잡고 무리 지어 교실로 향했다.

갑자기 슬퍼졌다. 간절히 보고 싶었던 아이들이었는데, 앞으로 10일간 이곳에서 아이들과 좋은 추억을 만들 수 있는데, 왜일까? 아이들을 보며 웃고 있지만, 분명 헤어지는 시간이 다시 오기 때문이다. 오지 않을 거로 생각하는 10일의 시간은 지난번과 마찬가지로 금방 올 것이기 때문이다.

"선생님, 스레이가 저 좋은가 봐요, 하트 그려줬어요."
"선생님, 소파이가 제 이름을 캄보디아로 써줬어요."
"선생님, 어떤 애가 저 때리고 도망갔어요."
학생들의 목소리가 아침과 다르게 들떠 있었다.

"애들아, 너희들은 '헬로우(hello)'가 좋아? '바이(bye)'가 좋아?"
서로 경쟁이라도 하듯 큰 소리로 대답했다.
"헬로우요!"
"선생님은 '헬로우'가 너무 슬프게 들려. 처음 만나는 날이지만, 우리는 10일 후에는 떠나잖아. '바이'라고 말하고 아이들과 헤어졌지만, 우리는 내일 또 만나잖아."

눈이 마주친 학생들은 이해라도 하듯 고개를 끄덕였다.

"시간 낭비하지 말고, 열심히 봉사하고 안전히 돌아가자!"

"네!"

돌아가는 차 안이 크게 메아리쳤다.

해외 봉사는 교육 봉사, 건축 봉사, 기부 등으로 나뉜다. 교육 봉사는 학교에서 아이들에게 한국어를 가르치거나, 종이접기, 노래 부르기, 보드게임 등을 함께한다. 봉사자는 활동 기간에 맞춰 프로그램을 직접 준비해야 하며, 필요한 모든 준비물도 스스로 챙겨야 한다.

'학생이 학생을 가르치고 배우는 경험은 분명 긍정적인 영향을 줄 거야'라는 생각으로 아이들과 함께 봉사를 시작했다. 학생들이 선생님이 되어 친구들을 가르치는 모습에서 저절로 행복이 밀려왔다.

지난번, 아이들의 검은 이가 자꾸 생각나서 양치 수업을 준비했다.

"선생님, 얘네들 치약 먹어요! 어떻게 하죠?"

수업이 시작되자 꼬마 선생님들은 분주해졌다. 스스로 양치를 하며 오물오물 헹군 뒤, "퉤" 하고 물을 뱉어 보인다. 말보다 눈빛으로, 몸짓으로, 학생들은 그렇게 서로를 가르쳤다.

봉사자는 대부분 대학생이나 성인이었지만, 우리 팀의 다섯 명의 꼬마 선생님들은 그들 사이에서 가장 인기 있는 봉사 팀이 되었다. 작은 실수도 가장 어린 팀이라는 이유로 너그럽게 받아들여졌고, 학생들 자신도 점점 자신감을 얻는 듯했다.

우리 팀이 신기하게 보였던 걸까? 혼자 봉사하러 온 한 봉사자가 자연스럽게 우리 팀에 합류했다.

 학교 운동장에는 변변한 놀이 기구가 없었다. 지난번에 지상이와 함께 이곳에 다시 온다면, 아이들이 마음껏 놀 수 있도록 운동장에 무언가를 만들어 주면 좋겠다고 이야기했었다. 한국을 떠나기 전, 꼬마 선생님과 함께 운동장에 농구대를 선물하기로 했다. 설치에 필요한 경비는 우리가 지원했다.

 오전과 오후 수업이 끝난 후, 시간을 내어 운동장 한쪽을 농구 코트로 만들기 시작했다. 풀이 무성한 곳의 잡초를 뽑고, 바닥을 다듬는 일은 꼬마 선생님의 몫이었다. 바닥이 단단하게 다져지자 시멘트를 옮겼고, 현지 전문가분이 도와주었다. 그 과정에서 단 한 번도 힘들다는 내색 없이 묵묵히 자신의 역할을 해내는 꼬마 선생님들이 무척 대견하게 느껴졌다.

농구 코트를 완성한 후, 미리 준비해 간 농구공으로 아이들과 함께 신나는 게임을 했다. 그 순간만큼은 한국도, 캄보디아도 아닌, 그저 순수한 아이들만이 존재하는 시간이었다.

결국 우리의 마지막 날이 찾아왔다. 동네 잔치라도 하듯 마을 사람들이 운동장에 꽉 찼다. 준비한 물품들로 장터를 열어 아이들에게 선물했다. 서로의 이름을 부르며 인사를 했다.

"선생님, 저희 다시 올 수 있어요?"

학생들은 흐느끼며 물었다.

"그럼, 당연하지, 또 오자."

"선생님이 말씀하신 바이(bye)가 뭔지 알 것 같아요, 흐흐흑.""

한국으로 돌아가기 전, 10일간 어땠는지 글로 남겼다. 학생들의 후기를 보며 나 또한 성장해 가는 듯했다.

'지난 일주일 동안 난 왠지 많은 걸 느낀 거 같다.

어떤 걸 느꼈느냐면 돈의 소중함 내가 공항에서 쓴 25달러 초콜릿이 너무 후회된다. 왜냐하면 여기는 1$면 과자 40봉지고 아이스크림 8개에 파인애플 4통이다.

그리고 음식의 소중함이다. 학교에선 난 많이 남겼다. 왜냐하면 음식이 맛이 없고 쪼금 달라했는데 많이 줬기 때문이다. 여기선 그 음식들이 다 소중하기 때문이다. 그리고 학용품이 다 우린 연필, 지우개 잃어버리면 또 사는데 여기는 그럴 수 없다.

난 이런 거에 대해서 많이 느꼈다. 또 우리는 학교 공원들에 가면 널려 있는 축구 골대, 농구 골대, 탁구대, 배구장 체육관 등등이 너무 많다고 생각하였다.

체육관은 많으면 좋긴 한데 좀 줄이면 좋겠다. 다른 것도 마찬가지이다. 캄보디아는 축구공 대, 농구 골대, 탁구대가 별로 없기 때문이다. 난 행복한 집에서 좋은 나라에서 태어난 걸 감사한다. 이 캠프에서 이번에 우리가 농구 골대를 세워주었다.

  그런데 아이들은 우리에게 너무 많은 선물을 주웠다. 그래서 우리가 이걸 받을 자격이 되나 생각해 보았다. 왜냐하면 우리가 좀 부족한 거 같기 때문이다.

  그러나 아이들은 매우 밝고 즐거워했다. 축구공 한 개만 있어도 신나게 뛰어놀았다. 축구화도 없고, 탁구대도 개별적이지 않았지만, 그들은 매우 행복해 보였다. 아이들은 우리가 너무 많은 선물을 주어서 고마워했다. 그래서 우리는 이러한 활동을 지속해야 한다고 느꼈다.'

-2012년 7월 29일 5학년 강시우(가명)

정선희,
아프리카 케냐 공항에 내 이름이
24시간 걸려도 해외 봉사 가는 이유

아부다비 국제공항. 낯선 공기가 피부에 와닿자 긴장감이 스며들었다. 보안 검색대를 통과했지만 어디로 가야 할지 몰라 잠시 멈춰 섰다. 사람들은 분주히 각자의 목적지를 향해 움직였고, 전광판에는 익숙하지 않은 문자들이 가득했다. 순간 가슴이 덜컥 내려앉았다.

'이러다 환승 비행기를 놓치는 건 아닐까.'

손에 쥔 보딩패스를 꽉 움켜쥐었다. 손끝에 땀이 배어났다. 낯선 공항에서 길을 잃을지도 모른다는 불안감이 엄습했다. 안내 표지판을 따라가려 했지만, 방향을 잡기가 쉽지 않았다. 빠르게 스쳐 지나가는 사람들 사이에서 나만 멈춰 선 듯한 기분이었다. 버스 환승은 익숙했지만, 비행기 환승은 처음이었다. 하지만 어쩌면 낯선 길을 찾는 일이 이번 여행의 또 다른 의미일지도 모른다고 생각했다. 내가 향하는 곳, 아프리카 역시 낯설고 새로운 도전이었으니까.

그날은 주말 오후였다. TV에서 '130cm의 작은 거인, 김해영' 선생님의 강연이 흘러나왔다. 사고로 장애를 갖게 되었지만 삶을 포기하지 않고 개척해 나가는 그의 이야기는 단순한 동기 부여를 넘어 내 마음을 깊이 울렸다. 화면을 바라보는 동안 눈시울이 붉어졌다. 그는 지금 아프리카에서 봉사하며 살고 있었다.

'아프리카.'

김해영 선생님의 책 「청춘아, 가슴 뛰는 일을 찾아라」를 읽었다. 책장을 넘기다 문득 이런 생각이 들었다. '나에게

가슴 뛰는 일이 아프리카 봉사가 아닐까?'

  그때부터 별다른 정보도 없이 아프리카를 검색하기 시작했다. 낯선 대륙, 생소한 문화. 뜻밖에도 현지에 한인 민박이 있다는 사실이 신기했다. 항공권을 알아보니 직항은 없었고, 중간에 비행기를 갈아타야 했다. 환승은 한 번도 해본 적 없었다.

  '포기할까?'

  머릿속이 복잡해졌다. 낯선 땅, 긴 비행, 언어, 환승. 모든 것이 막막했지만, 두려움보다 설렘이 더 컸다. 이건 단순한 여행이 아니었다. 내 삶에 큰 변화를 가져올 도전이었다.

  민박집에 궁금한 점을 이메일로 보냈다. 곧 친절하고 상세한 답장이 도착했다. 하지만 나는 여전히 망설이고 있었다. 그러다 다시 용기를 내어 물었다.

"혹시 봉사 활동할 곳이 있을까요?"

"저희가 키베라에 봉사를 가는데, 함께 동행하실 수 있어요."

키베라. 케냐 나이로비에 있는 세계 최대 빈민 마을이었다. 까만 피부에 하얀 이를 드러내며 해맑게 웃던 아이들 사진을 본 적이 있었다. 그곳은 웃음만 머무는 곳이 아니었다. 쓰레기 더미에서 하루 끼니를 찾아야 하는 곳, 끝없이 작은 집들이 이어지는 곳. 사진 속 미소 뒤에 숨겨진 현실이 생생하게 떠올랐다.

'그곳에 내가 간다면, 무엇을 할 수 있을까.'

10시간의 비행, 그리고 아부다비 공항에서의 혼란.

이제 곧 착륙이다.

아부다비에서 나이로비 조모 케냐타 국제공항까지는 4시간 30분. 충남 당진에서 버스를 타고 출발해 아프리카 케냐까지, 총 24시간이 걸리는 긴 여정이었다.

"도착하면 저희 직원이 이름을 들고 기다릴 겁니다."

내 이름 세 글자가 이토록 간절했던 적이 있었을까. 공항에 도착하자마자 두 명의 직원이 내 이름이 적힌 종이를 들고 서 있었다. 너무 반가워 주저 없이 손을 흔들었다.

두 번의 환승과 긴 비행 끝에 지쳐 있었지만, 무사히 도착했다는 안도감이 모든 피로를 잊게 했다. 낯선 땅에 첫 발을 내딛는 순간, 긴 여정의 험난한 모험 끝에 돌아온 영웅이라도 된 것처럼 느껴졌다. 하지만 그것은 단순한 도착이 아니라, 나 자신과 세계를 마주하는 새로운 문을 여는 순간이었다.

키베라의 아이들, 쓰레기 더미 속 삶, 그리고 그 속에서도 빛나는 미소. 내가 마주할 현실과 선택들이 이제 내 발걸음 하나하나에 달려 있었다. 그때 비로소 깨달았다. 진정한 여행이란, 목적지에 닿는 순간이 아니라 스스로 서 있는 그 자리에서 얼마나 용기를 내고 마음을 다해 마주하느냐에 달려 있다는 것을.

낯선 땅 위에서 느끼는 설렘과 무거운 책임감, 두려움과 기대가 뒤섞인 이 순간. 그것이 바로 내가 찾던, 가슴 뛰는 삶의 시작이었다.

왕복 48시간,
그리워서 또 갔습니다
K-소년의 미래까지 바꾼 아프리가 키베라

아프리카 키베라. 비행기를 갈아타는 경유를 거쳐 꼬박 24시간 만에 닿았던 곳. 멀고 낯설었기에 공기도, 풍경도, 사람들의 눈빛도 처음엔 어색했다. 그런데 이상하게도 시간이 지날수록 그곳이 그리워졌다.

민박집 사장님은 거듭 당부했다.
"키베라에 들어서면 외국인을 위협하는 주민도 있어요. 꼭 직원들과 함께 다니셔야 합니다."
아이들을 만나러 가는 길, 마음은 두려움과 설렘 사이에서 요동쳤다. 차가 키베라 입구에 들어서자, 마치 유명인을 맞이하듯 아이들이 몰려왔다. 동생을 등에 업은 아이, 어린 동생의 손을 꼭 잡고 있는 아이. 그 모습이 순간 캄보디아에서 만났던 해맑은 아이들을 떠올리게 했다.

창밖 풍경은 캄보디아의 한적한 시골과 전혀 달랐다. 끝없이 쌓인 쓰레기 더미 위에서 무언가를 주워 담는 아이들. 영화 속 장면이 아니라 눈앞의 현실이었다. 아이들은 봉지를 들고 쓰레기 더미를 헤집으며 무언가를 찾고 있었다.
"원 달러."
작은 손이 내 앞에 내밀어졌다. 그 순간, 가슴이 무겁게 내려앉았다. 촬영을 위해 일부러 쓰레기를 먹는 장면을 찍는다지만, 어떤 이유로든 아이들이 쓰레기 위에서 손을 내밀고 있다는 사실 자체가 이미 충분히 아팠다.

그때, 한 아이가 조용히 내 손을 잡았다. 작고 따뜻한 손. 순간 가슴이 뭉클해졌다. '이 아이에게 나는 어떤 존재일까.' 눈을 맞추는 순간, 쓰레기 더미는 사라지고 아이의 맑은 눈빛만이 남았다.

키베라는 부유한 동네들에 둘러싸여 있다. 그곳에서 흘러나온 쓰레기가 이곳 사람들의 삶이 되었다. 같은 세상에 살고 있어도 빈부격차는 가혹할 만큼 선명했다.

"정 선생님, 마을 다니면서 냄새나서 힘들지 않으셨어요?"

"아니요."

대부분 처음 온 사람들은 쓰레기 냄새에 힘들어한다고 했지만 나는 그러지 않았다. 아이들과 걷고, 웃고, 수업하며 보낸 시간 덕분인지 냄새는 금세 잊혔다. 오히려 내 기억 속에 남은 건 아이들의 눈빛, 웃음, 그리고 그곳의 따뜻한 공기였다.

 아이들과 함께 한국어 동요 '떴다 떴다 비행기'를 불렀다. 낯선 언어였지만 아이들은 놀랍도록 또렷하게 따라 불

렀다. 맑고 선명한 발음, 반짝이는 눈빛. 그 순간만큼은 모든 소리가 빛처럼 느껴졌다. 수업이 끝나고 준비해 간 과자를 나눠주자, 작은 손들이 내 앞으로 쏟아졌다. 나는 아이들을 조심스레 안아주며 속으로 생각했다.

'이곳에 오길 정말 잘했다.'

키베라 아이들은 영어를 잘했다. 아프리카 동부에서 널리 쓰이는 스와힐리어보다, 더 넓은 세상으로 나아가기 위해 영어를 배운다고 했다. 그들에게 영어는 단순한 언어가 아니라 희망의 도구였다.

그 만남은 내 삶의 전환점이었다. 낯선 환경 속 홀로 놓였기에 더 많이 보고, 배우고, 깊이 성찰할 수 있었다. 척박한 현실 속에서도 웃음을 잃지 않는 아이들의 눈빛과 웃음은 오히려 나를 일깨웠다. 풍요 속에서 놓치고 있던 감사의 마음을, 그 아이들을 통해 다시 배웠다.

마지막 날, 아이들이 큰 소리로 인사했다.

"하쿠나 마타타."

스와힐리어로 '하쿠나'는 '없다', '마타타'는 '문제'. "문제없다"라는 뜻이었다. 그 단순한 말 속에, 이곳 사람들의 강인함과 희망이 담겨 있었다.

키베라에서의 경험은 나 혼자만의 추억으로 끝나지 않았다. 학생들과 함께 아프리카 봉사를 진행할 수 있었던 것도 그때의 용기 덕분이었다. 사실 처음엔 학부모들이 "위험하다"고 반대할 줄 알았다. 예상과 달리 많은 관심과

응원이 이어졌다. 그 덕분에 학생들과 여러 차례 아프리카에 갈 수 있었다.

그 여정 속에서 나는 한 학생의 인생이 송두리째 바뀌는 장면을 목격했다.

초등학교 4학년이던 도현이는 아프리카 봉사 이후 삶이 완전히 달라졌다.
"선생님, 저 아프리카로 전학 갈래요."
순간 웃음이 터져 나왔다. "전학을 아프리카로 간다고?"
그러자 그는 주저 없이 대답했다.
"아프리카는 열심히 하면 학년이 금방 올라간대요. 그리고 아이들이 너무 착해요."
처음엔 농담처럼 들렸다. 하지만 그의 눈빛은 장난이 아니었다. 어린아이의 말이었지만, 그 속에는 새로운 세상과 삶에 대한 동경이 담겨 있었다. 짧은 봉사였지만, 도현이는 그곳에서 배움의 본질을 본 듯했다. 교과서나 성적이 중심이 되는 교육이 아니라, 함께 웃고 함께 돕는 배움의 자리 말이다.

그 후 도현이는 가족과 긴 상의를 거쳐 결국 다시 아프리카로 향했다. 그리고는 중학교, 고등학교, 대학까지 그곳에서 다 마쳤다. 내가 알던 초등학교 4학년의 작은 어깨가 어느새 한 나라의 교육 체계를 거쳐 청년으로 자라난 것이다. 지금 그는 군 입대를 위해 한국에 돌아와 있다. 그러나 그 눈빛 속에는 여전히 아프리카에서 마주했던 맑고 강인한 빛이 살아 있다.

나는 종종 생각한다. 봉사활동이란 것이 과연 무엇을 바꿀 수 있을까. 단순한 여행인지, 잠깐의 추억인지, 아니면 삶을 흔드는 전환점인지. 도현이를 보면 답을 얻는다. 작은 만남 하나가, 어린 시절의 한 경험이, 한 사람의 인생을 송두리째 바꿀 수 있다는 것을.

선생님인 나에게도 그 사실은 경이로움이었다. 아이들과 함께 떠났던 봉사가 누군가의 미래를 열어주는 문이 될 줄은 미처 상상하지 못했다. 도현이는 이제 더 넓은 세상을 두려움 없이 향해 가는 청년이 되었고, 나는 그의 뒷모습에서 다시금 '교육'과 '봉사'의 힘을 새삼 배운다.

도현이의 변화는 특별한 사례였지만, 봉사 현장은 언제나 크고 작은 깨달음을 안겨주었다. 때로는 사소한 사건이 학생들에게 더 깊은 배움이 되기도 했다.

봉사 속엔 늘 배움이 숨어 있었다. 배식 중, 한 아이가 욕심껏 먹다가 토를 했다. 배가 고파 한 번에 너무 많이 먹은 탓이었다. 학생들이 얼굴을 찌푸렸다.

'너희들이 배고픔을 아니?'

배고픔과 배부름 사이에서 화가 났다. 지금 상황을 학생들에게 이해시켰다. 조용해진 분위기 속에서 학생들이 움직였다. 토한 친구에게 다가가 옷을 닦아주고, 등을 토닥여 주었다. 말은 통하지 않았지만, 분명 진심이 전해지고 있었다.

'괜찮아? 그리고 미안해.'

체육대회는 또 다른 장면을 남겼다. 흥이 많은 아프리카 아이들과 댄스학원 출신 학생들과의 신나는 댄스 배틀. 규칙에 서툰 아프리카 아이들과 규칙에 익숙한 학생들이 어울려 벌인 우당탕탕 경기. 자기 차례도 아닌데 뛰쳐나가는 아이, 풍선을 바닥에 대기도 전에 터뜨리고 멍하니 서

있는 아이, 동생을 업고 있다가 지고 싶지 않아 바닥에 내려놓고 달려가는 아이. 그 모든 순간이 웃음을 터뜨리게 했고, 학생들은 처음의 짜증을 잊고 아이들과 하나가 되었다. 다시는 재연할 수 없는 장면, 선물 같은 하루였다.

긴 비행과 낯선 경유지도 학생들에게는 새로운 배움이었다. 아부다비 공항을 돌아다니며 외국인들에게 사진을 요청받고, 함께 산 초콜릿을 나눠 먹고, 열쇠고리를 나누며 웃던 모습. 낯선 여정 속에서도 서로 의지하며 즐거움을 찾는 모습이 사랑스러웠다.

무엇보다 학생들이 가장 좋아했던 건 사파리 투어였다. 넓은 초원에서 '빅5'—사자, 코끼리, 버팔로, 표범, 코뿔소—를 직접 만나는 시간. 네비게이션 없이 동물들을 찾아다니는 기사님의 의지 덕분에 "삼대가 덕을 쌓아야 볼 수 있다"는 모든 동물을 볼 수 있었다. 한국 동물원에서 보던 동물과는 비교할 수 없는, 야생의 숨결이 살아 있는 순간이었다.

키베라의 여정은 내게 한 가지 진실을 일깨워 주었다.

작고 사소해 보이는 순간들이 삶을 바꾸기도 한다는 것. 아이들의 눈빛이, 학생들의 웃음이, 그리고 우리가 나누었던 따뜻한 마음이 내 안의 시선을 바꾸어 놓았다.

부시맨 가족은 필리핀에 산다
함께 지낸 30일, 그리고 눈물바다

'학교 가자.'

각 방의 방장들이 서둘러 방을 정리하기 시작했다. 앞으로 30일 동안 오전에는 필리핀 사립학교에서 어학연수를, 오후에는 봉사활동을 하게 된다. 아직 잠이 덜 깬 학생들이 영혼 없이 인사를 건넨다.

"안녕히 주무셨어요?"

학생들이 등교한 후 나는 각 방을 돌며 청소 상태와 빨래 등 생활 전반을 점검했다. 마치 엄격한 기숙사 사감처럼. 그 뒤에는 현지 관계자들과 봉사 프로그램 관련 미팅이 이어졌다.

클락, 앙헬레스에서 차로 한 시간가량 산길을 오르면 아이따 부족 아이들이 사는 마을에 닿는다. 그들은 작은 키, 곱슬머리, 검은 피부를 지녔는데, 마치 아프리카 부시맨 가족이라 해도 믿을 만했다.

교실에 들어서자 아이들의 얼굴에 땀이 송골송골 맺혔다. 한국에서 봉사자가 온다는 소식에 한 시간 이상 산을

넘어 등교한 것이다. 우리 학생들은 오전에는 부유한 사립학교 아이들을 만났고, 오후에는 시원한 에어컨 버스를 타고 산을 올랐다. 이들의 첫 만남은 극명한 대비를 이뤘다.

학생들은 아이따 부족 아이들을 어떻게 바라보았을까.
"오늘 재미있었어?"
"아프리카 아이들인 줄 알았어요."
"아프리카에 가보지 않았는데, 어떻게 알아?"
"TV에서 봤어요. 얼굴이 까맣잖아요."
"얼굴이 까맣다고 다 아프리카 사람들은 아니야."
반문해 보지만, 학생은 피식 웃어버린다.

"선생님, 오전 학교에 오는 아이들하고는 왜 달라요?"

한 학생의 갑작스러운 질문에 당황했다. 학생들은 오전과 오후의 환경 차이를 느끼고 있었다. 나는 현지 관계자분께 아이따 부족에 대해 설명해 달라고 부탁했다.

 아이따 부족은 오래전부터 필리핀에 살아온 토착민이다. 스페인과 미국의 식민 지배, 그리고 필리핀의 급격한 근대화를 피해 피나투보산으로 이주했다. 그러다 1991년 피나투보 화산 대폭발의 최대 피해자가 되면서 세상에 알려졌다. 화산 폭발은 고산지대에 살던 아이따 부족의 삶을 송두리째 흔들었다. 삶의 터전을 잃은 그들은 도시로 내려왔지만, 필리핀 인구로 인정받지 못한 채 사회의 무시와 경멸 속에 내몰렸다. 결국 그들은 다시 산으로 향했고, 그곳에서 자신들만의 마을을 일구며 살아가고 있다. 관계자의 생생한 설명에 학생들의 표정에서 이해하려는 기색이 보였다.

 오전 수업이 한창일 때, 통역 선생님이 다급하게 나를 찾아왔다. 학생 한 명이 수업 태도가 너무 좋지 않아 앞으로 수업에 참여시키기 어렵겠다고 했다. '한국에서도 장난이 심하던 녀석인데, 여기에서도.' 쉬는 시간이 되길 기다렸다가 학생을 조용히 불렀다. 순간 화가 치밀었지만 태연한 척 이야기했다.

"너, 한국 가야겠다."
"학교에서 수업 태도가 좋지 않아서 오지 말래."

캠프를 신청할 때, 문제 행동 발생 시 즉시 출국 조치한다는 조항이 있었다. 학생과 숙소로 돌아와 캐리어에 짐을 넣으라고 했다. 학생은 주섬주섬 짐을 챙기면서도 슬쩍슬쩍 내 눈치를 살폈다. '말도 잘 통하지 않는 교실에서, 대체 어떻게 해야 선생님 눈 밖에 날 수 있는 건지.'

"선생님, 죄송해요."
이제야 상황이 파악된 걸까. 목소리에 힘이 없었다. 타

국까지 와서, 그것도 교실에서 쫓겨나는 상황이라니. 그런 아이를 보면서도 안쓰러움보다는 짜증이 먼저 치밀었다.

"뭐가 죄송한데?"

괜히 마음이 흔들릴까 봐, 학생을 쳐다보지 않고 말했다.

'30일중 이제 시작인데, 안전히 잘 마칠수 있을까.'

캠프를 진행하며 반복해 온 걱정들 – 누군가 다치진 않을까, 탈락자는 없을까, 학생들과 끝까지 안전하게 마칠수 있을까- 그 고민들이 또 다시 시작 되었다.

오전 수업을 마친 한 학생이 화가 난 듯 다가왔다.

"선생님, 저 필리핀 사람처럼 생겼어요?"

"왜?"

"어떤 애가 저보고 엄마 아빠 중 한 분이 필리핀 사람이냐고 물어봤어요."

열변을 토하는 학생을 보며, 웃음이 터져 나왔다.

"그 영어를 다 알아들었어?"

웃으며 넘길 수 있는 일들이 하나둘씩 늘어갔다. 그 웃음 속에는 피로와 체념, 그리고 가르치는 일의 복잡함이 뒤섞여 있었다.

"선생님, 저 화장실 가야 하는데요."

"가면 되지."

대답은 했지만, 내심 걱정이 앞섰다. 숙소에는 한국과 같은 양변기가 있었지만, 봉사활동 학교의 화장실은 달랐다. 아이따 아이에게 부탁해 함께 다녀오도록 했다. 불편함을

호소할 줄 알았던 학생은 급한 볼일을 해결하고 나자 여유로운 표정을 지었다.

"살라맛 뽀."

화장실을 다녀온 예준이가 말했다.

"무슨 말이야?"

"선생님 몰라요? 필리핀 말로 고맙다는 뜻이죠."

알고도 모른 척 웃어넘겼다. 학생들이 필리핀 따갈로그어를 쓸 때마다 웃음이 터져 나왔다.

캠프라는 작은 사회 속에서 학생들 사이에도 각 방마다 다양한 일들이 벌어졌다. 샴푸 향이 좋다며 어린 동생의 것만 사용하는 언니, 간식 담당을 도맡은 막내들, 4명에서 5명으로 구성된 방에서는 예쁜 친구를 중심으로 무리가 지어졌고, 남학생들 사이에서는 누가 더 싸움을 잘하는지가 중요한 기준이 되었다. 작은 사회 속에서 서열이 생기고, 역할이 나뉘고, 때로는 갈등이 생겼다. 아이들은 그렇게 자기들만의 규칙과 방식으로 하루하루를 만들어가고 있었다.

 갈등이 심해질 때면 나도 모르게,
 "선생님은 다시는 캠프 안 해. 너희처럼 이기적이고 말 안 듣는 애들하고 무슨 캠프를 해."
 지치고, 속상하고, 도망가고 싶을 만큼 힘든 순간들이 있었다. 그 말이 정말 진심이었는지, 아직도 잘 모르겠다.

 30일이 결코 긴 시간이 아니라는 생각이 들었다. 학생들은 오전 수업보다 오후 봉사활동을 더 좋아했다. 봉사활동을 하나의 재미로 받아들이면서, 학생들은 스스로 더 많은 것을 느끼고 깨달아갔다.

 아이따 부족 아이들과 한국 학생들의 '큐브 돌리기'가 미션이었다. 선풍기 하나 없는 더운 교실에서 서로를 바라보는 모습은 그 자체로 흐뭇했다. 서로의 언어는 달라도 아이들의 눈높이 언어는 어른이 감히 상상할 수 없는 것이었다.

시간이 흐를수록, 그 놀이처럼 시작된 봉사활동 속에서 아이들은 더 많은 것을 배우고 깨달았다. 처음엔 단지 피부색이 다른 친구들과의 만남에 큰 의미를 부여했지만, 어느새 그들과 같은 아이따 아이들이 되어 가는 듯했다.

마지막 날, 오전과 오후의 헤어지는 모습은 달랐다. 공부만 했던 오전의 친구들과는 쿨하게 헤어졌다. 하지만 아이따 아이들과의 헤어짐은 눈물바다였다. 무엇이 그렇게 슬펐을까.

봉사활동으로 돕는다는 것이 단순히 '주는 일'이 아니라 '함께 살아가는 일'이라는 것을, 오전의 교실에선 배우기 어려운 삶의 본질을 아이들은 오후에 배운 듯했다. 그 깨달음은 교과서 어디에도 없었지만, 아이들의 마음 어딘가에 깊이 새겨졌을 것이다.

 그것이면 충분했다.

이번에는 라오스!
예능 프로보고 결정했다
봉사와 여행, 그 어디쯤에 있던 7박 8일

'꽃보다 청춘'이라는 프로그램에서 라오스 곳곳을 소개하는 것을 보며 나도 모르게 가보고 싶다는 생각이 들었다. 지인들도 하나둘 라오스에 대해 이야기하기 시작했고, 심지어 학부모들의 문의도 있었다.

"선생님, 이번에 봉사활동 어디로 가요? 라오스는 안 가나요?"

결국 세 명의 엄마와 초등 저학년 아이들 일곱 명으로 구성된 봉사단이 라오스로 향했다. 학부모와 함께해서 불편하지 않겠냐는 질문을 받기도 했지만, 전혀 그렇지 않았다. 그동안 아이들을 해외 봉사나 국내 캠프에 보낸 경험이 있는 엄마들이었기에, 누구보다 봉사활동의 의미를 잘 이해하고 있었다.

라오스는 가부장적인 우리나라와는 정반대인 모계사회다. 집안의 크고 작은 일은 대부분 여성들이 결정하고, 남성들은 그 결정에 따른다. 자녀 양육 역시 엄마들이 주도적으로 맡는다. 부모를 더 오래 돌볼 수 있다는 이유로 재산을 막내딸에게 물려주는 상속 문화도 있다.

"우리 라오스에 살까? 여자들이 더 힘이 있는 나라니까 좋잖아."
"엄마, 아빠가 없는데 어떻게 살아?"
모녀의 재미있는 대화가 들려왔다.

매번 혼자 학생들을 챙기느라 분주했던 공항에서 이번

만큼은 너무나 여유로웠다. 학생이 7명이라 엄마들이 자연스럽게 두 명씩 맡아주셨기 때문이다. 특히 감사했던 건, 각자 자신의 자식은 맡지 않으셨다는 점이다. 엄마다 보니 내 아이만 챙기게 될 것이라며 배려해주신 그 마음에 울컥했다.

항상 그렇듯, 비행기 표를 여권에 넣어준 후 입국 심사까지는 전쟁이다. 조심성 없는 아이들은 늘 표를 잃어버리기 일쑤였다. 평소 같으면 여기저기 뛰어다니며 찾기 바빴겠지만, 이번에는 엄마들이 꼼꼼하게 챙겨주셨다. 내가 이렇게까지 편해도 되나 싶을 만큼 든든했다.

우리가 도착한 교실에는 저학년 아이들이라고 들었는데, 고학년이나 중학생처럼 보이는 아이들도 있었다. 통역은 라오스에 유급생이 많다고 설명했다. 집안일을 돕느라 출석을 제대로 하지 못하거나, 공부할 시간이 부족해 시험을 통과하지 못하는 경우가 많다고 했다. 엄마들은 그 상황을 안타까워했지만, 어린 학생들은 그 이유를 잘 이해하지 못했다.

엄마들과 함께하는 봉사가 늘 편한 것만은 아니었다. 학생들이 스스로 경험해야 할 일들 앞에서, 조금이라도 힘들어 보이면 엄마들이 먼저 손을 내밀곤 했다.
"학생들 스스로 할 수 있게 도와주세요."
"어려서 이거 할 수 있겠어요?"
그럴 때면 나는 조심스럽게 말했다.
"어머님이 안 오셨으면, 아이가 혼자서 해냈을 일이에요. 조금만 시간을 주세요."
이해가 엇갈리기도 했지만, 결국에는 서로 공감하고 마음을 모았다.

학교 한편에서는 엄마들이 분주히 움직이고 있었다.

한국에서 가져온 양념과 재료로 불고기와 김밥을 준비했다. 부족한 재료와 식기는 현지에서 마련했다. 늘 해오던 음식이지만, 라오스 아이들의 입맛에 맞을지 걱정도 되었다. 나는 아이들에게 '잘 먹겠습니다'라는 인사를 가르쳤다. 교실로 들어선 엄마들에게 라오스 아이들이 큰 목소리로 또박또박 외쳤다.

"잘 먹겠습니다!"

엄마들은 맛있게 음식을 먹는 아이들과 학생들의 모습을 흐뭇하게 바라보았다. 부족하다는 학생들의 빈 그릇을 계속 채워주었다. 혼자서는 결코 해낼 수 없는 일이었다. 그저 감사했다.

"선생님, 라오스 좋네요. 우리 아이들과 같이 봉사하니 더 좋아요."

라오스의 한 학교에서 봉사활동을 하던 중, 엄마들은 하나같이 말했다.

 학생들과 함께 풍선 터트리기를 시작했다. 아이들은 금세 들떴고, 넘어진 친구를 라오스 아이들이 조심스럽게 일으켜 주었다. 서로를 껴안은 채 풍선을 터뜨릴 때는 귀를 막아주는 배려도 잊지 않았다. 풍선이 좀처럼 터지지 않아 더 꼭 끌어안을 때면, 세상 어디에서도 보기 힘든 백만 불짜리 웃음이 피어올랐다.

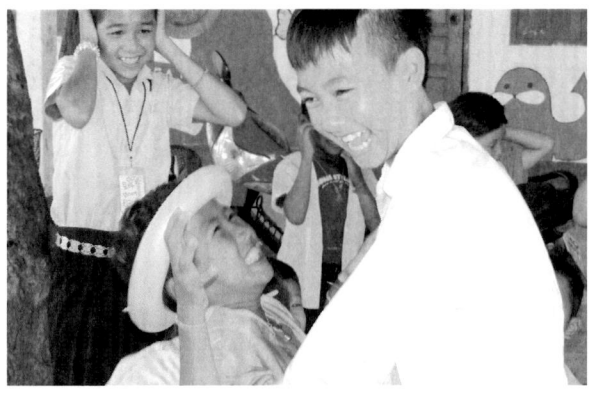

 쉬는 시간이 되자, 아이들은 어느새 친구가 되어 있었다.

라오스 아이들이 학생들을 목말 태우고, 업어주며 한마음으로 뛰놀았다. 그 모습을 바라보며, 나는 안심했다. 혹시 다치지 않을까 걱정하던 마음은 어느새 씻은 듯 사라졌다. 내 염려보다 아이들은 훨씬 속 깊고 따뜻하게 서로를 살피고 있었다.

한글 수업 시간이었다. 아이들은 가르치고 배우는 역할을 자연스럽게 나눴다.
"선생님, 애 한글 읽어요."
한 아이가 놀라며 외쳤다.
"애가 아니고, 오빠야!"
(외국에 나오면 학생들의 서열이 없어지는 게 신기했다.)
"윤지가 잘 가르쳐서 그런 거지."
'칭찬은 고래도 춤추게 한다'고 했던가. 얼굴에 땀이 맺히도록 열정적으로 아이들을 가르쳤고, 그 진심은 분명히 전해졌다.

아이들은 자신이 가장 아끼는 장난감, 용돈을 모아 사온 간식, 그리고 수업 시간에 틈틈이 배운 한글로 정성껏 편지를 써주었다. 아무것도 줄 수 없을 거라 생각했던 학생들이 색종이 접기 시간에 배운 하트에 마음을 담아 편지를 적어 건넸다. 늘 받기만 했던 학생들이 스스로 감사의 마음을 전하는 모습이 참 대견했다.

"엄마, 나 라오스에서 살 거야."

"아빠 없는데, 괜찮아?"

"응! 언니, 오빠들이 나 진짜 잘 챙겨줘. 살 거야!"

엄마는 어이없다는 듯 웃음을 터뜨렸지만, 나는 그 웃음 너머로 아이가 진심으로 라오스를 즐기고 있음을 느낄 수 있었다.

한 손에 차고도 넘칠 만큼 지폐를 쥐었다. 혹시나 땅에 떨어질까 조심스럽게 들었다. 각 나라에 가서 캠프를 시작하기 전 환전을 하는데, 지폐 모양은 나라마다 제각각이었지만 동전이 없고 화폐 단위가 작아 이렇게 많은 돈을 눈앞에 본 건 처음이었다. 50만 원이 어림잡아 50억처럼 느껴졌다.

학교 봉사가 끝나고 2박 3일 라오스 볼런투어(자원봉사자를 뜻하는 볼런티어(volunteer)와 여행((tour)의 합성어)가 시작되었다. 학생들보다 엄마들의 얼굴에 여행에 대한 설렘이 가득했다. 그 설렘은 금세 바뀌었다. 우리가 머물던 비엔티안에서 라오스의 핫플레이스, 방비엥까지는 약 150km. 길은 생각보다 만만치 않았다. 산길은 심하게 굽이쳤고, 차량은 끊임없이 좌우로 흔들렸다. 아이들은 멀미를 호소하기 시작했다. 여행의 시작은, 기대보다는 고비였다.

4시간을 달려 도착한 방비엥. 모두가 힘든 여정을 잊을 만큼 신나게 하루를 즐겼다. 산을 한 시간가량 올라 탄 짚라인은 내 인생에서 가장 길고 스릴 넘치는 경험이었다.

그 뒤로는 한국의 짧은 짚라인이 시시하게 느껴질 정도였다. TV에서만 보던 방비엥의 블루라군에서도 아이들은 너나 할 것 없이 물속으로 뛰어들었다. 웃음소리가 끝없이 번졌다.

처음에는 길게만 느껴졌던 7박 8일의 일정이 어느새 끝나가고 있었다. 하루하루가 소중한 기억으로 쌓였다. 마지막 날이 가까워질수록 마음 한켠에는 아쉬움이 자리 잡았다. 함께한 학생들의 순수한 웃음소리, 엄마들의 따뜻한 손길, 그리고 라오스 아이들과 함께 만들어 낸 잊지 못할 순간들이 가슴속 깊이 포근하게 남아 있었다.

"선생님, 아이들이 왜 봉사활동 간다고 하면 그렇게 좋아하는지 이제 알겠어요."
함께한 학부모들이 입을 모아 말했다.
"집에선 샤워하라고 세 번은 말해야 겨우 움직이던 애가,

여기선 일과 끝나자마자 스스로 씻는 게 신기했어요."

"좋은 거 생기면 먼저 가지겠다고 늘 오빠랑 다투더니, 여기선 먼저 양보하더라고요. 그게 더 놀라웠어요."

"학교 일기 쓰는 걸 그렇게 싫어하면서, 매일 쓰는 일지는 어떻게 그렇게 쓰는지."

학부모들의 말에 깊이 공감하며 고개를 끄덕였다. 집에선 마냥 어린아이 같던 아이들이 이곳에 오니 모든 것을 스스로 해내고, 좌절해도 다시 도전해 결국 성공했을 때의 희열을 알아가는 듯했다. 어른들도 소화하기 벅찬 빡빡한 일정 속에서 뒤처지지 않으려 애쓰는 아이들의 모습은 그 자체로 감동이었다.

서로 다른 문화와 배경 속에서 부대끼고, 웃고, 배우며 쌓아올린 시간은 어떤 말로도 다 표현할 수 없을 만큼 소중했다. 학생들의 눈동자 속에 비친 호기심과 설렘, 엄마들의 따뜻한 격려, 그리고 라오스 아이들의 맑고 순수한 마음. 이 모든 것들이 모여, 우리의 마음속에 오래도록 따뜻한 온기로 남았다.

'봉사'라는 단어는 단순히 누군가를 '돕는 것'을 의미하지 않았다. 그것은 서로에게 기쁨이 되고, 위로가 되며, 또 다른 배움이 되는 시간이었다. 돌이켜보면, 내가 건넨 도움보다 오히려 내가 받은 사랑과 깨달음이 훨씬 더 많았다.

땅을 공짜로 줍니다. 이 나라에서는
아이들 손으로 지은 초원위의 집 한 채

몽골의 이른 아침, 게르 앞에서 다음 일정을 기다리는 동안 학생들은 주변을 두리번거리며 연신 감탄했다.

"선생님, 이 게르 진짜 커요! 저희가 만든 것보다 훨씬 크죠?"

"응, 게르는 크기에 따라 소, 중, 대로 나뉘는데, 우리가 묵는 건 대형 게르래."

학생들은 자신들이 만든 게르도 제법 괜찮다고 생각했는지, 슬며시 미소를 지었다.

잠시 후, 말을 타러 갈 시간이 되었다. 아이들의 발걸음에 기대감이 가득 묻어났다. 광활한 초원이 눈앞에 펼쳐지고, 그 위로 말 한 마리가 시원하게 달려 나갔다.

"와우!"

"대박!"

"완전 멋있어요!"

학생들의 눈이 휘둥그레졌다. 초원을 가로지르며 질주하는 몽골 관계자의 모습은 마치 승마 경기를 연상케 했다. 그동안 몇몇은 승마를 해본 적이 있었지만, 대부분은 마부와 함께 승마장 주변을 천천히 도는 정도의 경험뿐이었다. 이곳, 넓은 초원을 품은 몽골은 전혀 달랐다.

학생들도 말 위에 올라 초원으로 들어섰다. 물론 관계자처럼 멋지게 달릴 수는 없었지만, 이곳은 말 그대로 자연이었다. 학생들의 안전을 위해 두 명당 한 명의 마부가 줄을 잡고 함께 이동했다. 언제 어떤 일이 생길지 몰라 모두 긴장을 늦추지 않았다.

 숲속 개울가를 지날 때, 말이 물을 마시려고 살짝 움직이기만 해도,

 "어~"

 "아~"

 하는 비명 섞인 환호성이 터져 나왔다. 말이 멈춰 서서 똥이라도 싸려고 하면, 순간 얼음이 되어 말 등에 납작 엎드리는 학생이 있는가 하면, 무서움을 즐기며 더 크게 웃는 학생도 있었다. 그저 걷고 있는 것만으로도 초원에서의 승마는 아이들에게 특별한 기억이 되었다.

몽골에서는 개인이 원하는 지역의 토지를 무상으로 받을 수 있다고 했다. 땅을 함께 사용하는 전통 문화가 있다 보니 가능한 정책 같았다. 물론 아무나 받을 수 있는 건 아니고, 몽골 국적을 가진 사람에게만 해당된다고 한다.

한 사람당 평생 한 번만 받을 수 있는 조건이지만, 4인 가족이라면 각각의 이름으로 총 네 곳의 땅을 받을 수 있다는 점도 흥미로웠다. 도시 지역은 대부분 분배가 끝났고, 요즘은 시골 지역에 관심을 두는 사람이 많다고 했다. 받을 수 있는 땅의 크기는 지역에 따라 달랐다. 도시권은 약 212평, 시골 지역은 약 1,058평 정도였다.

몽골 사람들 중에는 여전히 양, 말, 염소를 키우며 살아가는 유목민이 많다. 풀을 따라 이동해야 하다 보니, 쉽게 접었다 폈다 할 수 있는 집을 만들게 되었고, 그게 바로 **'게르'**였다. 몽골에 가면 게르에서 사는 유목민들을 많이 볼 수 있는 이유다.

이런 제도가 있어도, 집을 지을 수 없는 사람들도 있었다. 어느 나라를 가든 빈부 격차는 존재한다는 것을 실감했다. 여덟 살, 여섯 살 아이를 키우는 한 엄마에게 게르를 선물해주기 위해 학생들은 땀을 흘리고 있었다. 엄마가 받은 땅은 시골 지역에 있었고, 친척 집 넓은 마당 안쪽에 게르를 짓기로 했다.

서로 힘을 모아 나무를 나르고, 페인트를 칠했다. 게르를 선물 받을 아이들도 학생들과 함께 집을 만들어 나갔다. 페인트칠을 마친 뒤 하루 동안 말리고, 다음 날부터 하나하나 나무를 연결해 게르의 형태를 만들어갔다.

게르는 단 하나의 못도 필요하지 않았다. 오로지 끼워 맞추고, 줄로 꽉 묶어서 완성된다. 몽골 사람들은 2시간이면 다 짓는다고 했지만, 어린 학생들에게는 4일이 걸렸다.

 언어는 통하지 않았지만, 아이들과 학생들은 금세 친구가 되었다. 잠깐의 휴식이 주어지면 그늘로 들어가 서로에게 물을 뿌리며 장난을 쳤다. 페인트칠을 하다 묻은 손이나 팔을 닦아주는 모습도 정겨웠다. 서로의 말을 알아들을 수는 없었지만, 진심은 분명 통하고 있었다.

 "선생님, 나스카 쭈쭈바 줘도 돼요?"

 "네가 먹으려고?"

 "아니요! 나스카 주고 싶어서요."

 "그래, 네 거 줘."

퉁명스럽게 답했더니, 준보가 쭈쭈바 하나를 더 받아 아이에게 건넨다.

"준보야, 넌 두 개."

다른 학생들의 부러움을 한몸에 받으며, 준보의 어깨는 이미 하늘에 닿은 듯했다. 서로를 배려하고 웃음 짓는 그 순간이, 더위도 피로도 모두 잊게 만들었다.

완성된 게르 안에서 미리 준비해 온 선물을 나누며 서로를 꼭 안아주었다. 단순히 집을 지은 것이 아니라, 마음을 함께 나누었기에 더욱 뜻깊은 시간이었다. 나흘 동안 함께 땀 흘린 끝에 이뤄낸 작은 결실. 작별 인사를 나누는 순간, 서로의 눈가에 눈물이 맺혔다.

햇살은 뜨거웠어도 그늘에 들어가면 시원했다. 오후에 세네 시간 야외 활동을 한 학생들은 저녁마다 하루 일과를 정리하며 일지를 썼고, 금세 곯아떨어졌다. 아침이 되면 어딘가에서 에너지가 솟아나는 듯, 깨우지 않아도 스스로 일어났다.

"선생님, 오늘 학교 빨리 가고 싶어요."

"안 졸려?"

"어제 기르기랑 오늘 쉬는 시간에 공놀이 하기로 했어요."

"그걸 어떻게 말했어?"

"통역 선생님이 도와줬죠."

아이들의 의사소통 방식은 매번 신기했다. 쉬는 시간이 되면 '언제 이렇게 친해졌지?' 싶을 정도로 서로에게서 떨어지지 않았다. 운동장에서는 농구와 축구가 한창이고, 교실에는 여학생들이 삼삼오오 모여 그림을 그리고 있었다.

운동장에서는 농구와 축구가 한창이다. 교실에는 삼삼

오오 여학생들이 모여 그림을 그리고 있다. 학생들과 봉사를 시작하면서 수업 시간 보다 쉬는 시간을 더 많이 주었다. 수업 시간에는 정해진 수업을 진행했지만, 쉬는 시간이 되면 '언제 친해진거야' 할정도로 서로에게서 떨어지지 않았다.

교실 한편에는 미니 사진관과 네일아트 샵이 만들어졌다. 각 조별로 미션을 수행하듯 색종이로 액자를 접기 시작했다. 학생들은 한국에서 미리 연습을 해 온 덕분에 현지 아이들을 잘 도와줄 수 있었다.

액자를 다 만들면 사진관으로 이동해 기념 사진을 찍었다. 바다가 없는 몽골을 위해 대형 바다 배경도 준비했다. 각 조는 물놀이 소품을 들고 어색하면서도 행복한 표정을 지었다. 모자의 로고가 비뚤어지면 서로 잘 정돈해 주었다.

"선생님, 조별 사진 찍고 나서 애랑도 한 장 찍어도 돼요? 제가 만든 액자에 그 사진 넣어 선물하고 싶어요."

학생의 기특한 말에 일은 점점 커졌다. 너도나도 가장 좋아하는 아이들의 손을 잡고 줄을 섰다.

"줄 서지 말고, 네일하면서 기다리는 건 어때?"

네일을 해주던 학생들은 차례가 되면 짝을 데리고 와 사진을 남겼다. 그 공간에는 웃음과 추억이 차곡차곡 쌓여 갔다.

모든 일정이 끝나고 몽골 투어를 시작했다. 학생들의 이야기는 여전히 아이들에 머물러 있었다. 게르를 지으며 함께 흘린 땀, 사진을 찍으며 나눈 웃음, 조용히 울던 작별 인사까지.

그리고 무엇보다도, 아이들과 함께한 그 모든 순간이 학생들에게는 잊지 못할 경험으로 남았다.

자존심 때문에 달라진 시차, 괜찮네요
네팔 산속 학교에서
던지고 꼬우며 만난 아이들

 학생들과 함께 봉사활동을 하다 보면 다양한 사람들을 만난다. 그냥 스쳐 지나가는 인연이 있고, 때로는 마음이 묘하게 통하는 사람들이 있다. 단지 '봉사'라는 이유 하나만으로도 새로운 관계가 생기고, 그 인연이 다시 만남을 불러오기도 한다.

 주연이를 처음 만난 건 지난 캄보디아 봉사. 쑥스러워하면서도 누구보다 성실했던 아이. 그 인연이 이어져, 네팔 봉사에서도 다시 함께하게 되었다. 멀리서 손을 흔드는 모습이 보였다. 낯선 공항, 익숙한 얼굴, 익숙한 웃음. 그 따뜻한 순간에 마음이 사르르 풀렸다.

사회복지학을 전공하게 될 예비대학생 주연이는, 대학에 가기 전에 무언가 새로운 걸 해보고 싶다며 이 길에 올랐다. 지난 봉사때 네팔이 나의 다음 봉사 국가 라고 하니, 꼭 가보고 싶다며 관심을 가졌다. 정말 만나게 될 줄은 몰랐다.

비행기로 8시간, 시차는 3시간 15분. 출국 전 시차를 검색했을 때 가장 먼저 든 생각은 "15분은 뭐지?" 대부분 1시간 단위로 시간 차가 나는데, 이건 처음이었다. 인터넷에는 정치적·지리적 이유가 복잡하게 설명되어 있었다. 인도와 국경 분쟁이 있었다. "인도보다 늦을 수 없다"는 자존심으로 시간을 인도보다 10분 빠르게 맞췄다. 이후 인도가 자국 표준시를 5분 늦췄다. 결국 네팔과 인도의 시차는 15분이 됐다고 네팔 관계자를 통해 알게 되었다. 말도 안 되는 이유처럼 들렸지만, 왠지 그 고집스러움이 네팔답다는 생각도 들었다.

숙소로 향하는 차 안, 창밖으로 히말라야 산맥의 윤곽이 어렴풋이 보였다. 도로 옆에는 죽은 소들이 누워 있었다. 아무도 놀라지 않았다. 그저 지나쳤다.

"이 소들 어떻게 되는 거예요?"

주연이가 조심스럽게 물었다. 운전기사 아저씨는 담담하게 대답했다.

"정부에서 올 때까지 아무도 손대지 않아요. 죽은 소를 만지는 건 부정한 일이거든요."

도로가 막히든 불편을 주든 상관없단다. 그게 그들의 믿음이고, 문화라고 했다.

더 놀라웠던 건, 신호등이 거의 없다는 사실이었다. 출퇴근 시간에는 오토바이가 많아 교통량이 상당했는데, 경찰이 수신호로 길을 정리했다. 만약 끼어들다 걸리면 그 자리에서 줄 맨 끝으로 보내진다고 했다.

"왜 신호등을 설치하지 않나요?"

"전기보다 인건비가 싸요."

어처구니없는 대답이었지만, 그 안에 나름의 현실이 담겨 있었다.

"이런 세상이 있다는 걸, 몸으로 배우네요." 주연이가 멋쩍게 웃었다.

숙소로 들어서는 길은 좁고 어지러웠다. 아이들과 함께 오기엔 다소 걱정스러울 만큼 낡고 지저분했다. 전봇대에는 뱀처럼 얽힌 전선이 무질서하게 매달려 있었다.

"저러다 불 나는 거 아니에요?"

상점 주인들은 전기가 나가면 그냥 전봇대에 올라가 다른 줄에 연결한다고 했다. 믿기 어려운 현실이, 이곳에서는 그저 일상이다.

 첫날, 주연이와 나는 적지 않은 문화 충격을 받았다. 그래도 우리가 이곳에 온 이유는 분명했다. 아이들을 만나기 위해서였다. 하필 비가 왔다. 우리가 가야 하는 학교는 산 위에 있었다. 아스팔트 도로를 지나 흙길 언덕에 접어드니 차가 미끄러지기 시작했다. "어, 어," 기사는 익숙하다는 듯 차를 세우고 빗속에서 무언가를 점검했다. 그 순간, 어디선가 사람들이 우르르 달려와 말없이 차를 밀기 시작했다. 주저함도 없었다. "대박." 주연이가 숨죽인 듯 감탄했다. 나도 그 따뜻한 손길에 마음이 뭉클해졌다.

겨우 도착한 산꼭대기 학교. 아이들은 까무잡잡한 피부에 이마에는 빨간 점을 찍고, 수줍게 인사를 건넸다. "선생님, 아이들 너무 예뻐요. 진짜 잘생겼어요." 주연이가 조용히 속삭였다. 관계자가 우리를 한국에서 왔다고 소개 했다. 어딘가에서 들려온.

"오빤 강남스타일~" 순간 너무 놀랐고, 동시에 웃음이 터졌다. 산속 학교에서 강남스타일을 듣게 될 줄이야.

"너, 나와."

혼날 줄 알고 쭈뼛쭈뼛 걸어나온 아이에게, 나는 정색한 얼굴로 다가가 그대로 '말춤'으로 맞대응했다. 아이들의 눈이 더 동그래 졌다. 이내 교실 안이 웃음 바다가 되었고. 우리 첫 수업은, 자연스럽게 무아지경 댄스 파티로 시작되었다.

아이들은 하나둘 자리에서 일어나, 음악도 없는데, 흥얼거리는 강남스타일의 박자에 맞춰 마음껏 몸을 흔들었다. 처음 보는 외국인 선생님들과 함께 추는 춤은 그들에게도 낯설고도 신나는 경험이었을 것이다. 어색함은 순식간에 사라지고, 웃음이 언어를 대신했다.

아이들은 옹기종기 모여들었다. 교실 안은 한국 못지않게 시끌시끌했다. 차례를 기다리는 눈빛, 중얼중얼 따라해보는 입술, 진지한 손놀림이 너무 귀여웠다. "던지고" "하나 잡고" "던지고" "두 개 잡고" 공기놀이를 처음 배우는 아이들은 생각보다 야무졌다. 한국어로 함께 말하니 더 쉽게 익혔다. 그날 이후, 쉬는 시간마다 눈만 마주치면 "던지고~"를 외치며 우리 곁으로 다가왔다.

"얘들아, 오늘은 '꼬으고'야." 준비해 간 실로 팔찌를 만드는 시간을 가졌다. 서툰 아이들은 둘씩 짝을 지어 만들기 시작했고, 요령이 좋은 아이들은 금세 완성해 자신의 손목에 하나씩 찼다. 거의 마무리될 무렵, 한 아이가 아직 완성하지 못한 채 주춤거리고 있었다. 그 순간, 조용히 옆에 있던 아이가 자기 팔찌를 풀어 그 아이에게 건넸다. 그리고 다시 처음부터 만들기 시작했다.

주연이와 눈이 마주쳤다. '저 아이, 어쩜 이렇게 예쁠까.'
"너, 나와." 조용히 웃으며 속삭이듯 말하자, 주연이는 고개를 끄덕였다. 아이에게 장학금을 건넸다. 큰돈은 아니었지만, 그냥 지나칠 수 없을 만큼 마음이 예뻤다. 담당 선생님께 여쭈어보니 "그렇게 해도 괜찮다"며 웃으셨다.

그날 밤, 주연이는 내 옆에 조용히 앉아 말했다. "선생님, 전 그냥 아이들이랑 놀 줄만 알았는데요. 제 마음이 이렇게 움직일 줄 몰랐어요."

마음이 움직이는 게 봉사다. 누군가를 돕는 것이 아니라, 결국 나 자신을 들여다보는 시간. 던지고, 꼬으고, 웃고, 나누는 그 모든 순간이 우리에게 가르침이 되었다.

주연이도 네팔에서의 배움을 가슴에 품은 채 자신만의 속도로 살아가고 있다. 때로는 지칠 때마다 그날의 하늘과 아이들의 눈빛을 떠올리며 다시 마음을 다잡고 있다고 한다. 우리가 함께했던 그 시간은 끝난 것이 아니다. 각자의 삶 속에서 조금씩 다른 모습으로 이어지고 있는 중이다.

지구 반대편에서 발견, 내 상처의 치료약
48시간 걸려 도착한
파라과이 마을에서 얻은 것들

"이번이 너희들과 하는 마지막 캠프야."

힘들 때마다 학생들에게 내뱉던 말이다. 막상 캠프 끝나면, 그 순간들이 그리워 다시 봉사활동과 캠프를 준비했다.

아프리카에서 30일간 봉사했던 기억은 아직도 생생하다. 20여 명의 학생들을 이끌며 잠은 거의 자지 못했고, 프로그램은 그때 그때 상황에 맞게 바꾸어야 했다. 정신없이 캠프를 진행하고 나면, 하루가 언제 끝나는지조차 알기 어려웠다.

 한국에 돌아온 날, 나는 병원으로 직행했다. 3박 4일 동안 푹 쉬고 나서야, 혹부리 영감처럼 내려앉았던 임파선이 제자리를 찾았다. 2일 동안 온전히 잠만 잤다. 누가 가져다 놓은지 모를 음식들이 병실 냉장고에 가득했다. 가족들이 걱정할까봐 도착 날짜를 3일 뒤로 알리고, 건강해진 몸으로 집에 갔다.

 필리핀에서 한 달간 봉사했을 때, 몸무게가 12kg이나 줄었다. 다이어트를 결심한 것도 아닌데, 식사와 잠을 제대로 챙길 수 없는 상황만으로 몸은 극적으로 변해갔다. 몸이 힘든 건 참을 수 있었다. 그러나 더 큰 문제는 정신적 스트레스였다. 학생들의 안전을 위해 때로는 강하게 지도를 해야 했다. 그것이 오해와 갈등으로 이어졌고, 결국 내가 애써 쌓아온 보람과 의미가 한순간에 흔들리기 시작했다.

내가 지켜온 진실은 어느새 왜곡되어, 전혀 다른 이야기로 세상에 비춰지고 있었다.

그때 친구가 코이카[1] KOICA는 한국 정부가 운영하는 국제 개발협력 기관으로, 파견 봉사단이나 교육·기술 지원 등으로 개발도상국의 발전과 현지 주민 지원을 목표.
를 통해 파라과이에서 봉사를 한다는 소식을 들었다. 몸과 마음이 모두 지쳐 있었던 나는, 잠시 모든 것을 내려놓고 혼자만의 시간이 필요했다. 익숙한 환경을 떠나 새로운 곳에서 머물렀다. 내가 겪은 일들을 천천히 되돌아보고, 마음을 정리해야 했다.

한국을 출발해 총 48시간의 여정. 시드니에서의 4시간 30분 경유와 산티아고에서 파라과이까지 이어지는 1시간의 짧은 경유는 몸과 마음을 바짝 긴장시키기에 충분했다.

---

[1] KOICA는 한국 정부가 운영하는 국제 개발협력 기관으로, 파견 봉사단이나 교육·기술 지원 등으로 개발도상국의 발전과 현지 주민 지원을 목표.

마침내 도착한 마을은, 그 모든 피로와 긴장을 단숨에 잊게 만들었다.

등에 무겁게 짊어진 가방과 사진기 가방을 어깨에 메고, 나는 공항 터미널을 정신없이 뛰었다. 땀은 이미 등과 이마를 적셨고, 숨은 가쁘게 차올랐다. 비행기를 놓칠 수 없다는 생각이 온몸을 지배했다. 주변에는 수많은 여행자들이 분주히 움직였고, 안내 방송의 목소리가 날카롭게 울려 퍼졌다. 사람들의 발걸음, 바퀴 달린 캐리어가 바닥을 스치는 소리, 모든 것이 내 심장 박동과 겹쳐졌다.

게이트를 향해 전력 질주하며 몸을 밀어붙일 때, 시간이 천천히 흐르는 듯한 기묘한 느낌이 들었다. 마침내 비행기 안에 발을 들이고 좌석에 몸을 맡겼을 때, 긴장과 피로가 한꺼번에 폭발하며 한숨이 새어 나왔다. 창밖으로 펼쳐진 낯선 풍경을 바라보며, 앞으로 펼쳐질 날들과 만날 사람들을 떠올렸다. 피로 속에서도 마음 한켠에는 기대와 호기심이 묘하게 섞여 있었다.

　페이스북을 보다가 파라과이에서 선교 봉사를 하시는 목사님의 사진을 발견했다. 순간 마음이 뛰었다. '혹시 아이들과 봉사할 수 있을까?'
　나는 떨리는 손으로 메시지를 보냈다.
　"아이들 봉사 가능한가요?"
　"봉사 해보셨나요? 혼자 오시는 거예요?"
　심장이 조금 더 빠르게 뛰었다.
　"네, 친구가 코이카로 파라과이에 있어요. 친구도 만나고, 아이들도 만나고 싶어서요."
　"일정 나오면 다시 연락 부탁드려요."
　그 짧은 문장 속에서도 마음 한켠이 설렜다. 이제 진짜 시작이구나.

도착하고 나니, 마지막 짐이 보이지 않았다. 1시간 경유였던 산티아고에서 내 짐이 실리지 않은 것이다. 순간 현실이 뉴스 속 속보 화면처럼 눈앞에서 펼쳐지는 것 같았다. 땀과 긴장, 피로가 한꺼번에 몰려왔다. 어쩔 수 없이 직원에게 다가가 상황을 설명했다. 직원은 차분하게 내일 다시 찾으러 오라는 이야기를 전하며, 물품 확인표를 건네주었다. 손에 쥔 종이 한 장이, 지금 내가 처한 현실의 모든 걸 요약하고 있었다.

그때, 기다리고 있던 친구가 활짝 웃으며 손을 흔들었다. 충남 당진에서 지구 반대편, 파라과이 한 작은 공항에서 만나다니,

"짐은?"

"아, 내일 온대."

순간, 터질 듯한 웃음이 입가를 감쌌다. 피곤과 당황이 뒤섞인 상황에서도, 친구와의 재회와 엉뚱한 상황의 아이

러니가 마음을 한결 가볍게 만들었다.

 우리는 서로를 끌어안고 웃으며, "그래, 짐 없이도 시작하면 되지!"라며 농담을 주고받았다. 공항 한켠, 낯선 땅의 공기 속에서 느껴지는 친구와의 익살스러운 순간은, 긴 여행 동안 쌓인 피로를 한순간에 녹여주었다. 짐은 없어도 설렘과 웃음으로 가득 찬 하루가 그렇게 시작되었다.

 마을에 들어서자, 햇빛에 그을린 피부와 호기심 어린 눈빛으로 나를 바라보는 아이들이 있었다. 동생을 업고 온 아이, 엄마 손을 꼭 잡은 아이, 작은 발로 흙길을 뛰는 아이들 모두 제각기 다른 모습으로 나를 맞이했다.

 준비한 간식을 하나씩 나누어 주자, 처음에는 서로를 경계하며 살짝 뒤로 물러서던 아이들이 작은 손으로 내 손을 잡고 웃음을 터뜨렸다. 그제야 마음이 풀렸다.

호세는 풍선을 잡으려 뛰다가 넘어지고, 마리아가 깔깔 웃으며 그를 일으켰다.

"괜찮아, 호세!"

장난기가 발동한 나는 큰 풍선을 불어 놓았다. 공중으로 튀어 오른 풍선이 작은 유성처럼 날아가자, 아이들은 온 힘을 다해 쫓았다.

길 위에서 작은 경주가 벌어졌다. 루이스가 자신이 가장 빠르다고 자랑하며 달렸고, 소피아는 내 손을 잡고 균형을 잡으며 뛰었다. 나는 그 속에서 아이들과 완전히 섞여 함께 뛰었다. 흙냄새와 햇살 속에서 울리는 웃음소리는 세상의 어떤 음악보다도 아름다웠다.

저녁이 되니 얼굴이 따가웠다. 썬크림을 바르지 않은 채 파라과이의 뜨거운 햇살을 온몸으로 받아 피부가 타버렸다. 손으로 가볍게 문질러 보지만 이미 붉게 달아오른 피부는 쉽게 진정되지 않았다. 얼굴의 따가움보다 더 크게 느껴진 것은 마음 한켠의 뿌듯함이었다. 아이들의 웃음, 호세가 넘어졌다가 마리아가 도와주던 장난스러운 장면, 소피아가 내 손을 잡고 달리던 순간들이 머릿속을 스쳐 지나가며 온몸을 따뜻하게 감쌌다.

붉게 달아오른 얼굴을 거울로 바라보니, 햇빛에 그을린 자국 하나하나가 단순한 상처가 아니었다. 며칠간 아이들과 함께한 시간의 흔적처럼 느껴졌다. 학생들과 캠프를 하면서 경험한 피로와 스트레스가 떠올랐다. 이 작은 화끈거림과 따가움조차 이전보다 훨씬 가벼운 짐으로 느껴졌다. 아이들과의 만남이 나를 치유했고, 이 햇볕 아래 달린 시간들이 내 마음을 다시 채워주었다는 것을 온몸으로 실감할 수 있었다.

사진 인화기를 꺼내 아이들과 가족 사진을 찍었다. 그 자리에서 인화된 사진을 전했을 때, 안토니오는 망설였지만 내 팔을 잡고 달려와 어머니와 함께 사진을 찍었다. 사진을 받은 그는 소중히 품에 안고 환하게 웃었다. 그의 얼굴에 번진 그 웃음은 내 마음을 따뜻하게 녹였다.

　봉사 속에서 나는 달리고, 웃고, 풍선을 쫓았다. 아이들과 함께하며 지쳐있던 마음이 서서히 풀리는 것을 느꼈다. 누군가를 행복하게 만드는 순간, 그 행복은 고스란히 내게 돌아온다는 것을 깨달았다.

　아이들의 작은 손짓, 장난스러운 웃음, 순수한 눈빛 하나하나가 내 마음을 따뜻하게 감싸 주었다. 파라과이 마을에서 며칠간의 봉사는 단순한 경험이 아니라 깊은 치유와 잊을 수 없는 행복을 선물해주었다.

　흙길 위를 뛰던 작은 발자국과 햇살 속에 반짝이던 눈빛, 사진 속에 남은 미소가 아직도 귀에 맴돈다. 모든 것이 내 마음속에서 살아 숨 쉬었다. 긴 여정을 견디고, 마음을 치유하며, 다시 세상을 바라볼 힘을 주었다.

3장 익숙한 땅에서 나눔을 이어가다

23cm, 세상 다정한 용기의 기준
사랑하는 조카 1호 덕분에 깨달은 나눔

정지훈. 내가 사랑하는 조카 1호.

같은 지역에 살고 있지만, 각자의 일상이 바빠 부모님 댁에서 가끔 얼굴을 본다. 그날도 모처럼 모두가 모인 자리였다. 그런데 지훈이의 오른손에는 깁스가 씌워져 있었다.

"어! 지훈이 왜이래?"

"손이 아프다고 울길래, 병원에 갔는데 성장판쪽이 다친 것 같다고 우선 깁스를 하래요."

올케가 슬픈 얼굴로 말했다.

"아직 두 돌도 안 된 아이가 어쩌다가."

엄마도 거들며 걱정하셨다.

며칠 뒤, 다급한 전화가 왔다.

"언니, 지훈이 서울로 병원을 가야 할 것 같아요, 시간 괜찮으세요?"

"그럼, 무조건 가야지"

내가 사랑하는 조카 1호가 서울까지 올라갈 만큼 아프다니, 고민할 이유가 없었다.

아장아장 걷는 지훈이는 여러 가지 검사를 받았다. 결과가 나오기 전까지 집안의 웃음은 자취를 감췄다. 우리 부모님의 첫 손자이자, 내가 가장 아끼는 조카 1호.

부모님은 매일 새벽 기도를 다니셨고, 평소 말씀이 없던 아버지도 "지훈이 괜찮을 거야." 하며 어머니를 다독이셨다.

지훈이의 진단명은 '랑거한스세포 조직구증식증'. 백혈구 중 조직구가 과다 생산되어 몸의 여러 장기에 쌓이는 희귀 질환이었다. 원인도 알 수 없다는 설명이 우리 가족을 더욱 슬프게 만들었다. 정해진 날마다 병원에 가서 치료를 받는 것이 최선이었다. 직장에 다니는 남동생을 대신해 스케줄 조절할 수 있는 내가 올케와 함께 서울 병원에 다녔다.

지훈이의 암세포는 오른손 두 번째 손가락에 있었다. 하지만 어디까지 퍼졌는지 알 수 없어 양쪽 골수 검사를 해야 했다. 성인은 부분 마취로 검사를 하지만, 지훈이는 너무 어려 전신 마취가 필요했다. 작은 침상에 누워 수술실로 들어가는 지훈이를 보며 눈물이 멈추지 않았다.
"지훈이, 잘하고 나올 거야."
올케를 안고 함께 기도했다.

마취에서 깨어나는 지훈이는 아장거리지 않았다. 술에 취한 듯 갈지자로 걸음을 옮겼다. 병원 복도에서 지훈이를 잡기 위해 '얼음땡' 놀이를 하듯 뛰어다녔다. 히죽히죽 웃고 있는 모습이 다행이었다.

"언니, 마스크 꼭 써야 해요."

"난 답답해서 잘 못 쓰겠던데."

"그래도 아이들 감염 때문에 꼭 써야 한대요."

순간 미안해졌다. 암 병동의 아이들 대부분은 머리카락이 없고, 몸에는 의료장비들이 가득했다. 그런데 나는 마스크 하나가 불편하다고 생각했구나.

지훈이는 다행히 약물 부작용 없이 머리카락을 유지했다. 하지만 병실의 다른 아이들은 대부분 머리카락이 없었다. '내가 이 아이들을 위해 할 수 있는 건 없을까? 해외 봉사에서 만났던 아이들이 아닌 아픈 아이들을 위해서.

'머리카락 기부'

- 머리카락 기부 절차

1. 기부할 머리 23cm
2. 머리카락을 묶는 고무줄 위로 자른다.
3. 기부 머리카락을 비닐 봉투에 넣어 택배로 보낸다.
   (서울시 노원구 화랑로 45길 24(월계동) 3층, 어머나-어린 암환자를 위한 머리카락 나눔의 줄임말이다.- 운동본부 담당자 앞
4. 홈페이지에 운송장을 신청서에 기입하여 작성한다.
5. 머리카락 기부증서를 출력한다.

염색도 파마도 하지 않고, 오랫동안 댕강 묶어 다녔던 내 머리카락이 누군가에게 도움이 될 수 있다니 참 다행이었다. 미용실에 가서 머리카락 기부를 원한다고 하자, 미용사 선생님은 고무줄로 단단히 묶인 머리카락을 "땡강!" 하고 시원하게 잘라 주셨다.

"선생님, 머리 너무 짧아요!"
수업 중 아이들이 짧아진 내 머리를 보고 깜짝 놀랐다.
"아픈 친구들에게 머리카락 기부했어."
"저도 할래요!"
이 한마디가 큰 파장을 일으킬 줄은 몰랐다.

미용실에는 머리카락 기부를 결심한 아이들로 북적였다. 초등학교 4학년, 1학년. 긴 머리를 아끼는 아이들이 선뜻 기부하겠다고 나섰다. 드레스만 입는 걸 좋아하던 여학생의 긴 생머리는 그녀의 '필수 조건'이었을지도 모른다.

그런데도 기꺼이 포기하고 기부하겠다는 마음이 참 예뻤다.

"쟤가 한다고 해서 저도 하는 거예요."
누군가의 행동은 또 다른 누군가에게 용기가 되었다.
"기부하면 상장도 준다."
실은 기부 증서지만, 아이들에게는 따뜻한 마음이 담긴 '상장'이라 표현해 주었다. 짧아진 머리를 가진 친구들이 하나둘 늘어나자, 더 많은 아이들이 동참하기 시작했다. 어떤 아이는 2번, 3번씩 꾸준히 기부하기도 했다.

아이들의 선행을 널리 알리고 싶어 지역 신문사에 연락을 했다. 기자님과 인터뷰를 하는 날, 아이들은 한층 더 성장해 있었다.

초등학교 3학년 서영이는 두 번째 기부를 마쳤다.

"첫 번째 기부 했을 때, 누군가에게 도움이 될 수 있다는 게 너무 좋았어요. 그래서 또 하고 싶었어요."

별이는 고등학생이 된 해, 자신의 생일에 맞춰 세 번째 머리카락 기부를 하기도 했다.

"중학교에선 파마나 염색을 못 하니까 머리카락을 계속 길렀어요. 관리하느라 조금 힘들었지만, 저는 원래 파마나 염색엔 관심이 없어서 괜찮았어요."

그리고, 태어나서 앞머리 외에는 한 번도 머리카락을 자르지 않았던 여섯 살 주은이도 있었다.

긴 시간 병원 생활을 해야 했던, 하지만 지금은 누구보다 건강한 사랑스러운 조카 1호, 정지훈. 아픔의 시간이 길었기에, 아주 단순한 행동 하나가 이렇게도 큰 기쁨이 될 수 있다는 사실을 아이들을 통해 다시금 알게 되었다.

머리를 자르고도 해맑게 웃는 아이들의 모습에서 진심

이 전해졌고, 그 작은 용기가 누군가에게는 얼마나 큰 희망이 되는지를 느꼈다. 아이들의 순수한 마음 앞에서 매번 부끄러워진다. 나는 오늘도, 아이들에게서 많은 것을 배우며 살아간다.

시간 채우려는 봉사 별로인가요
계란 한판으로 받은 상장을 자랑합니다

"선생님, 봉사할 곳 없어요?"

"많지."

"봉사 시간 얼마나 줘요?"

"봉사 시간을 왜 줘?"

중학생들이 봉사 시간을 먼저 묻는 일이 잦아졌다. '봉사는 마음으로 해야지. 시간을 받으려고 하는 건 아닌데.' 학교에서 봉사 시간을 관리한다는 사실조차 잘 몰랐다. 나도 모르게 꼰대처럼 굴었다.

학생들을 위해 봉사할 곳을 알아봤다. 하지만 마음이 자꾸 찜찜했다. '시간만 때우려는 봉사라.' 그러던 중 캄보디아 봉사 때 알게 된 서산 지인이 빵을 만들어 나누는 사진을 페이스북에서 보았다. 사진 속 아이들이 눈을 반짝이며 웃고 있었다.

캄보디아에서 처음 만난 지인은 봉사에 참여하는 학생들을 대견하게 생각했다. "어디서 왔냐?"로 시작한 호구조사는 헤어지는 날까지 계속됐다. 충남 서산 옆 당진에서 왔다며 세상 좁다고 한참 웃었던 기억이 난다.

"선생님, 안녕하세요? 캄보디아에서 만났던 당진 정선희입니다. 혹시 학생들과 함께 빵 봉사 참여할 수 있을까요?"
"정 선생, 오랜만이에요!"
"페이스북을 통해 선생님 봉사하는 거 잘 보고 있습니다. 학생들이 서산 선생님들 한국에서 만날 수 있냐고 물었어요."

"그럼요. 다 같이 만나면 더 좋죠. 언제쯤 생각하세요?"

"아직 날짜는 안 정했어요. 학생들이 봉사 하고 싶어 해서요."

"아이들 참 예쁘네요. 직접 와서 보면 더 좋아할 거예요."

반가운 인사를 나누며 웃다가, 마음 한구석에서 계속 맴도는 질문이 있었다.

'이걸, 물어봐야 하나 말아야 하나.'

차마 꺼내기 싫어 몇 번을 삼키다가, 결국 조심스레 입을 열었다.

"혹시, 봉사 시간도 주나요?"

그 말을 내뱉는 순간, 얼굴이 훅 달아올랐다. '대가를 바라면서 봉사를 한다니.'

서산 봉사자들의 페이스북에는 늘 나눔이 가득했다.

집이 없는 가정을 위해 작은 집을 짓고, 독거 어르신들께 반찬을 챙겨드리며, 오래된 집을 도배하고 전구를 교체했다. 따뜻한 손길이 고스란히 담겨 있었다.

"선생님, 봉사하러 갈 때 준비물은 뭐예요?"

"계란 한 판."

빵 봉사를 처음 가는 학생들이 전화를 걸어왔을 때, 나는 장난스럽게 대답했다. 사실 꼭 필요한 준비물은 없었다. 하지만 빈손으로 시작하는 봉사보다, 자신이 가진 것을 조금이라도 내어놓는 경험이 더 중요하다고 생각했다.

봉사를 이끄는 분은 서산의 작은 교회 목사님이었다. 큰아들을 교통사고로 잃은 뒤, 사모님과 함께 빵 나눔터를 열어 슬픔을 나눔으로 이겨내셨다고 했다. 교회 옆 작은 건물에는 오래된 빵 기계들이 줄지어 있었다. 우리는 첫 빵 봉사를 시작했다.

학생들과 나는 계란 한 판씩을 조심스럽게 탁자 위에 올리고 앞치마를 입었다. 목사님은 빵에 필요한 만큼만 계란을 남기고, 나머지는 창고에 넣으라고 했다. 팀을 나눠 일손을 맞췄다. 계란을 깨고 거품기로 섞는 학생들, 밀가루를 계량해 기계에 넣는 학생들, 반죽을 조심스럽게 빵 모양으로 빚는 학생들, 그리고 그것을 오븐 앞으로 옮기는 학생들이 각자 맡은 자리를 지켰다.

 막상 일을 시작하니 순조롭지만은 않았다. 계란을 깨다 맛보고 싶다며 자기 입에 넣는 학생, 그릇 대신 바닥에 흘

려놓고 쭈뼛거리는 학생, 밀가루를 넣다 얼굴이 하얗게 뒤덮여 할머니처럼 웃음을 주는 학생도 있었다. 반죽 모양은 제각각이어서 오븐에서 나오면 "저거 제가 만든 거예요!" 하며 서로 먼저 찾기 바빴다.

그래도 놀라웠다. 처음엔 봉사 시간을 채우려던 아이들이 하나둘 서로를 챙기기 시작했다. 계란을 흘린 친구에게 장난치듯 "괜찮아, 나랑 같이 해보자"며 손을 잡아주고, 서툰 친구 대신 묵묵히 반죽을 다듬어 주는 모습이 보였다. 빵이 구워지는 동안에는 웃음이 터졌다. 아까까지 진지하게 계란을 깨던 얼굴은 온데간데없고, 순수한 아이들의 웃음소리가 공장을 가득 채웠다.

고소한 빵 냄새가 퍼지자 아이들이 오븐 앞에 옹기종기 모여들었다. 그 모습을 보는데 TV에서 본 시골 아이들이 아궁이 앞에 모여 고구마가 익길 기다리던 장면이 겹쳐 보였다. 호기심과 기대가 가득한 눈빛을 보며 '아, 이게 봉사구나.' 하는 생각이 들었다.

갓 구운 빵을 하나씩 나눠주었다.

"선생님, 세상에서 제일 맛있는 빵이에요."

아인이가 빵을 한가득 입에 넣으며 말하자, 다른 친구들도 엄지를 치켜세우며 한껏 웃었다.

"그만 먹고, 이제 포장하자."

뜨거운 빵을 조심스레 엎어 비닐팩에 넣는데, 손재주가 없는 아이들은 포장지를 찢어버려 빵을 담지 못했다. 결국 조심스러운 아이들이 포장을 맡고, 나머지는 동네 독거 어르신 댁으로 빵을 직접 배달했다.

"선생님, 그냥 봉사 시간만 채우려고 왔는데, 빵을 어르신들께 나누어 드리니 진짜 뿌듯해요."

돌아 오는 길 경서의 말에 머리를 쓰다듬어 주었다.

시간이 흐르며 꾸준히 봉사한 학생들이 환하게 웃으며 말했다.

"선생님, 저 봉사상 받았어요!"
"오, 잘했네. 그럼 다음엔 계란 두 판."

웃으며 농담을 건넸지만, 마음속으론 뿌듯함이 차올랐다. 그렇게 시작된 빵 봉사로 중학교를 졸업한 학생들도 있었다. 처음엔 '시간' 때문에 찾아온 학생들이었지만, 결국 손으로 빵을 만들고 직접 어르신들에게 건네며 '나눔이 주는 기쁨'을 배우고 돌아갔다.

나눔을 하는 사람들은 언제 어디서든 묘하게 서로 이어져 있다. 그 인연은 빵 한 조각처럼 따뜻하게 우리 마음속에 오래 남았다.

첫 방송 출연, 화장 대신 새까만 '이것'
나를 태워 세상을 따뜻하게 했던 학생들

아침 공기가 유난히 차가웠던 11월의 어느 날. 손끝이 시릴 정도로 매서운 바람이 얼굴을 스치고, 학생들이 하나 둘 모여들었다. 허공에 하얗게 피어오르는 입김 사이로 학생들의 들뜬 목소리가 퍼졌다. 빵 봉사에 이어 새로운 봉사를 시작했다.

"정 선생님, 10월부터 연탄 봉사를 시작하는데 학생들도 참여할 수 있을까요?"

빵 봉사를 이끌던 목사님께서 물으셨다. 나는 망설임 없이 대답했다.

"물론이죠."

"연탄이 생각보다 무거워서 어린 학생들이 할 수 있을지 걱정입니다."

"걱정 마세요. 학생들 분명히 즐거워할 거예요."

소식을 전하면서 뜻밖에도 세대 차이가 느껴졌다.

"연탄이 뭐예요?"

"진짜 몰라?"

진짜 모른다는 표정에 웃음이 나왔다.

"그럼, 봉사 가기 전에 연탄에 대해 좀 알아보고 사진도 찾아봐."

장난스레 말했더니 학생들의 눈빛이 반짝였다.

"나르다 깨뜨리면 변상해야 해."

자그마한 경고가 학생들의 자존심을 건드렸는지, 어느새 '내가 해보겠어!' 하는 표정으로 변해 있었다.

며칠 후, 은성이는 성취감 가득한 얼굴로 달려왔다.

"선생님, 저 연탄이 뭔지 알아요! 석탄 박물관에서 본 건데, 방을 따뜻하게 해주는 거잖아요."

마치 혼자만 큰 발견을 한 것처럼 신이 나서 시끌벅적 이야기를 쏟아냈다.

"맞아, 잘했어! 그럼 이번에는 직접 연탄을 보러 가자."

은성이는 연탄에 대해 알아보면서 마치 새로운 세상을 만난 듯했다. 연탄이 단순한 덩어리가 아니라, 누군가의 겨울을 지켜주는 소중한 존재라는 걸 조금씩 이해하는 모습이었다. 그의 눈빛은 호기심과 설렘으로 반짝였고, 그 마음이 주변 학생들에게도 전해져 모두가 기대에 부푼 채 봉사 당일을 기다렸다.

연탄 봉사 날, 목사님은 학생들에게 연탄의 쓰임과 필요성에 대해 차근차근 설명했다. 요즘 학생들은 보일러 스위치만 누르면 따뜻한 겨울을 보낼 수 있지만, 연탄을 사용

하는 집은 연탄이 다 타면 새것으로 갈아야 한다는 점을 함께 전했다. 만약 그 시간을 놓치면 집안의 온기가 순식간에 사라진다는 사실도 잊지 않고 알려주셨다.

"그런데 왜 연탄을 써요?"

한 학생이 궁금한 듯 손을 들고 물었다.

목사님은 잠시 숨을 고르며 조심스럽게 답했다.

"보일러보다 훨씬 저렴하거든요. 그리고 아직은 보일러를 설치하기 어려운 집들도 많아요. 경제적인 이유가 가장 크지요."

그 말을 들은 은호가 고개를 갸웃하며 순수한 눈빛으로 물었다.

"그럼 왜 다들 바꾸지 않는 거예요? 바꾸면 되잖아요."

아직 어린 은호에게 경제라는 게 단순한 계산만으로 움직이지 않는다는 걸 설명하기란 쉽지 않았다.

연탄 첫 장을 들고 난 뒤 신음이 터졌다.

"와, 진짜 무겁다."

"대박!"

"빵 봉사만 하고 싶다."

그럼에도 깨뜨리지 말아야 한다는 다짐 때문인지, 학생들 표정엔 묘한 결의가 담겨 있었다.

차가 들어갈 수 없는 집은 경사가 가파른 골목 끝에 자리 잡고 있었다. 겨울 햇살이 비스듬히 골목을 스치며, 학생들의 숨소리가 하얀 김처럼 차갑게 퍼져 나갔다. 평소 같으면 가볍게 뛰어갈 발걸음이었지만, 오늘은 마치 무거운 바위를 짊어진 듯 무겁게 느껴졌다. 몇 시간을 오르내리며 연탄을 나르다 보니, 그 무게가 몸뿐 아니라 뼛속 깊이 스며드는 듯했다.

학생들의 지친 눈빛이 내게로 향할 때마다, 나는 오히려 마음 한켠이 뿌듯해졌다.

'선생님도 힘들다, 얘들아. 너희는 한 장이지만 나는 두 장이다.'

말로는 다그치는 듯했지만, 속으로는 학생들이 조금이라도 빨리 쉴 수 있기를 바랬다.

다 쓴 연탄은 새 연탄의 절반 무게였다. (연탄 1장이 3.6kg, 사용 후 1.6kg) 학생들은 그 차이를 알아채고 장난스럽게 들고 뛰어다녔다.

"선생님, 연탄 색이 왜 달라요? 이건 완전 가벼워요!"

힘든 와중에도 궁금증을 참지 못하는 모습이 귀여워 웃음이 번졌다.

 시간이 지날수록 학생들 얼굴은 달라졌다. 뽀얗던 피부 위에 연탄 가루가 내려앉고, 서로 얼굴에 검댕 자국을 묻혀가며 까맣게 변했다. 까마귀들이 친구인 줄 알고 멈출 정도였다.

 형·누나를 따라온 동생들은 무게에 휘청이면서도 지기 싫어 쉬지 않았다. 깔끔쟁이 주은이는 옷에 묻은 검댕에 눈물이 고였지만, 울면 더 이상 할 수 없다는 걸 아는 듯 꾹 참았다. 약간 깨진 연탄을 조심스레 나르는 경민이는 혹시라도 오해를 만들까 봐 더 조심스러웠다. 변상에 대한 부담이 컸던 모양이었다.

연탄 봉사는 생각보다 힘하고 고단했다. 무게와 추위, 그리고 몸 곳곳에 스며드는 검댕까지.

학생들은 매년 겨울이 되면 다시 그 골목을 오르내렸다. 코로나가 오기 전까지, 해마다 변함없이.

"정 선생님, 다음 주에 방송국에서 촬영 온대요. 학생들과 함께해 줄 수 있나요?"

어느 날, 목사님께서 전화를 주셨다.

목사님의 삶을 기록하는 방송인데, 봉사 활동 장면 때문인 듯했다.

"그럼요, 학생들 시간 알아보고 연락드릴게요."

촬영 당일, 카메라 두 대가 우리를 따라다녔다. 장난치는 모습, 땀을 닦는 모습, 연탄을 품에 안고 숨을 고르는 모습까지 모두 담겼다. 정규 방송이 아니어도 학생들의 눈은 반짝였다.

'평생 방송 한 번 나가기도 힘든데, 그것도 봉사하는 모습으로라니.'

그날 피곤함보다 자부심이 앞섰다.

방송이 나간 뒤 축하 전화가 이어졌다. 나는 주연도 아닌데 뭐가 그리 대단할까 생각했다. 곰곰이 떠올려보니 그날의 진짜 주인공은 따로 있었다. 차가운 겨울 아침, 손끝이 시려도 연탄을 꼭 안고 골목을 오르내리던 학생들. 온몸이 까맣게 물들어도 웃음을 잃지 않던 그들의 얼굴. 그

까만 손과 환한 웃음은 지금도 내 겨울을 따뜻하게 덮어 준다.

그리고 내게 가르쳐주었다.

진짜 봉사는, 주는 사람이 아니라 함께 웃는 사람의 마음 속에서 완성된다는 것을.

에필로그

여전히 배우는 길 위에서

 여정을 돌아보면, 내가 아이들에게 가르친 것은 영어 몇 마디에 불과했다. 그러나 그들이 내게 가르쳐 준 것은 살아가는 힘, 그리고 서로를 이해하려는 용기였다.

 언어는 그저 도구였을 뿐, 우리를 진정으로 이어준 것은 마음이었다. 낯선 땅에서 나를 환하게 반겨주던 눈빛, 서툰 발음 속에서도 전해지던 따뜻한 진심, 작은 손에 쥐여 있던 낡은 공 하나. 그 모든 것이 내게는 어떤 언어보다도 더 큰 의미로 다가왔다.

 돌아온 지금도 나는 여전히 배우고 있다. 아이들에게서, 동료들에게서, 그리고 일상의 작은 만남 속에서. 언어를 넘어 마음이 닿을 때 우리는 더 단단한 연결을 만든다는 사실을.

 이 책이 독자분들의 마음에 닿아, 언어의 장벽이 아니라 마음의 다리를 통해 우리가 조금 더 가까워지고 따뜻해질 수 있기를 바란다.

 그리고 언젠가, 그 다리 위에서 우리 모두가 미소 지으며 다시 만나기를.

한국 바깥에서 만난 아이들
유별난 영어쌤의 '평범한' 수업

지은이 | 정선희
이메일 | jsh77@daum.net
발행처 | 도서출판 진포
발행일 | 2025년 12월 10일

ISBN | 979-11-93403-53-2

인　쇄 | 진포인쇄
주　소 | 전북특별자치도 군산시 팔마로4
전　화 | 063)471-1318

ⓒ 유별난 영어쌤의 '평범한' 수업
본 책은 저작자의 지적 재산으로서 무단 전재와 복제를 금합니다.